AF320578

BERNARDIN BUCHINGER.

B. Buchinger,

40ᵉ abbé de Lucelle.

B. Buchinger

abbé de Lucelle

PAR

A. M. P. INGOLD.

COLMAR

Librairie H. HÜFFEL

1901

Avant-Propos.

———

« Buchinger, dit Grandidier, fut un des prélats les plus instruits de son siècle et des plus zélés pour le bien de son ordre et de sa patrie. [1] *»* Cet éloge, nullement exagéré, on le verra par la lecture des pages que nous lui consacrons, explique que nous lui donnions une place dans notre petite collection des Moines et Religieuses d'Alsace, *en attendant que quelque bonne plume, ce qui ne manquera pas d'arriver, nous raconte un jour l'histoire complète et détaillée du second fondateur de Lucelle.*

Ce qui a achevé de nous y déterminer, c'est l'intérêt de son Diarium *dont Mgr. Vautrey avait déjà donné de curieux extraits, et dont nous tirerons, en l'accompagnant de quelques documents, la partie la plus intéressante de ce livret.*

1 Juin 1900.

1) Cité par la *Revue d'Alsace*, 1855, p. 199.

———

BERNARDIN BUCHINGER

40ᵉ ABBÉ DE LUCELLE.

Chapitre I.

1606-1654.

Premières années de Buchinger. — Ses études à Pairis et à Ensisheim. — Lettre du P. Godet, jésuite. — Buchinger entre à
Lucelle en 1623. — La guerre des Suédois. — Buchinger
abbé de Maulbronn. — Restauration de Pairis. — — La déposition de l'abbé de Neubourg. — Buchinger est élu abbé
de Lucelle en 1654.

Bernardin Buchinger naquit à Kientzheim [1]),
près de Colmar, le 22 janvier 1606, et fut bap-
tisé le même jour, sous le nom de Chrétien, [2])
dans la vieille église, existante encore aujour-
d'hui, de cette ancienne petite ville d'Alsace,
si agréablement située à l'entrée de la vallée
de Kaysersberg. Confirmé en 1614, il fut, à
l'âge de neuf ans, confié par ses pieux parents

---

1) Tous les détails que nous donnons sur les premières années
de Buchinger nous sont fournis par son *Epitome fastorum Lucellensium.* (Porrentruy, Straubhaar, 1667.)

2) Du nom de son père, *consulis in Kensheim* (sic), nous apprend le *Gallia Christiana,* V, p. 758.

aux religieux cisterciens de l'abbaye voisine de Pairis, pour y être, nous dit-il, instruit dans les lettres et les bonnes mœurs. Pairis était à ce moment bien déchu de son antique splendeur : l'abbaye avait été incendiée par les Armagnacs et ses biens dilapidés par la mauvaise administration de ses abbés.[1]) Aussi le chapitre général de Cîteaux avait-il dû la réduire au rang inférieur de prieuré et la mettre sous la dépendance de l'abbaye de Maulbronn en Souabe : ce que confirma le pape Pie IV en 1461. A l'époque où y entra comme écolier le jeune Buchinger, cet état de choses durait encore. Un religieux de Lucelle, Jean Berodt, de Cernay, était à la tête de la maison.[2]) Peut-être eut-il le pressentiment, en accueillant ce petit étudiant, qu'il recevait le futur restaurateur de l'abbaye.

De Pairis, et sur le conseil sans doute des religieux, trop peu nombreux pour lui donner une instruction développée, le jeune Buchinger fut envoyé à Ensisheim, au collège que les Jé-

1) *Alsatia sacra*, I, p. 379.
2) Ibid., p. 380.

suites y avaient fondé en 1610.[1]) Buchinger y resta jusqu'en 1623 et y fut ainsi condisciple du célèbre poète alsacien Baldus.[2])

Dans cette maison Buchinger contracta pour ses maîtres, incomparables dans l'art de s'attacher la jeunesse, une affection qui ne devait jamais cesser, et dont devenu l'important personnage qu'il fut plus tard, il devait leur donner plus d'un témoignage.[3])

1) *Alsatia sacra*, I, p. 412.

2) *Revue catholique de l'Alsace*, 1869, p. 210.

3) Buchinger, devenu abbé de Lucelle, contribua pour la somme annuelle de 50 florins aux frais du collège d'Ensisheim. (A. H. A., f. de Lucelle, 59, 1.) Son *Diarium* nous le montre envoyant à diverses reprises des élèves à ses anciens maîtres. Plus tard il envoya son propre neveu et quelques religieux étudier à leur université de Pont-à-Mousson, comme nous l'apprend une curieuse lettre qu'on nous saura gré de citer ici en entier :

A Monsieur

Mr le Révérendissime abbé de Lucel

à Lucel.

Monsieur.

Pour réponse à celle dont vous m'avez honoré, je vous dirai que j'ai reçu réponse du R. P. Principal du Pont, lequel me mande que MM. votre neveu et vos religieux seront les très bien venus, qu'il les recommandera très particulièrement à celui qui lui doit succéder, qu'ils auront chacun leur chambre particulière, qu'on leur fournira les lits, linceuls, chambre meublée, le bois pour se chauffer et la chandelle avec la nourriture telle que je vous ai dit, le tout moyennant la somme de dix huit pistolles d'or pour chacun.

Quant à ce que votre excellence demande si l'on aura aussi volontiers des louis blancs que de l'or, je réponds que oui, et que vous pourrez envoyer des écus blancs. J'ajoute que délivrant

Ses études classiques achevées, Buchinger
entra en 1623, le jour de l'Annonciation de

leur argent pour la pension, il faudra demander quittance au père procureur qui le recevra.

Votre excellence demande si les chemins sont sûrs. J'estime qu'ils sont très sûrs en effet, et un de nos pères qui arrivat hier ici, m'a assuré qu'on ne parle point de voleurs dans toute la Lorraine par où il a passé.

Puisque vous me faites la grâce de me demander s'il n'y a rien à ajouter à tout ce que vous m'avez proposé, je dirai à votre excellence :

1° que encore bien que les chambres de Messieurs votre neveu et vos religieux doivent fermer à la clef, qu'ils auront toujours avec eux, néanmoins faut mander au p. procureur qu'il leur fournisse un coffre qui ferme à la clef ; la coutume est qu'on leur vend et ils le revendent lorsqu'ils quittent et en retirent leur argent.

2° faudra, M^r, s'il vous plaît, mettre ordre que tout leur linge soit marqué, afin que, le donnant par compte à leurs serviteurs pour le faire blanchir, et eux leur rendant par compte, on reconnaisse à la marque qu'on ne l'aura point changé.

3° faut qu'un d'eux ait soin d'écrire le nombre de linge qu'ils donnent pour blanchir, tant de chemises, tant de mouchoirs etc... afin qu'on leur rende même nombre.

4° Il faut que votre excellence écrive que l'on fasse faire une robe à M^r son neveu, et cela à la façon qu'on les porte, c'est-à-dire d'une étoffe bonne et honnête, de couleur grise ou telle autre couleur qui est à présent en usage, à longue manche, et telle que les portent les autres philosophes ; car, M^r, vous saurez que nos pensionnaires par toute la France se servent de robes et ne prennent leurs manteaux que pour aller en ville ; ainsi s'ils usent de robes, ils n'usent point de manteaux.

5° Il faudra donner quelque petite chose au serviteur qui aura soin de faire leurs lits, balayer leurs chambres, nettoyer leurs habits, etc... La coutume est que par trois mois chaque pensionnaire donne un quart d'écu au garçon qui fait ces services de la chambre. Si votre excellence désire de faire le même pour les siens, il faut seulement écrire au p. procureur qu'il paye un quart d'écu par trois mois pour chacun au garçon qui les servira, et que vous lui ferez rendre, cela suffira.

6° On a aussi coutume de leur fournir de l'encre, du papier, des plumes, des aiguillettes, de faire refaire leurs habits, leurs

la Vierge, à Lucelle et y revêtit l'habit de no-
vice. La célèbre abbaye de Lucelle [1]), la plus
ancienne maison cistercienne de la Haute-
Allemagne et dont une tradition constante, —
ce sont les propres termes de Buchinger [2]), —
attribue la fondation à S. Bernard [3]) était une
fille de l'abbaye comtoise de Bellevaux [4]) : fille

souliers ... etc. ... Et de tout cela l'on fait des parties que l'on
envoie aux parents et qui se paient de trois en trois mois, ou
de six mois en six mois.

Voilà, Monsieur, tout ce que je peux représenter à votre excellence comme chose nécessaire pour vos jeunes messieurs.

J'envoie à votre excellence mes lettres pour le Pont à cachet
volant, il lui plaira de les lire et puis de les fermer, il ne faut
qu'un peu mouiller le cachet de salive et puis l'appliquer en le
pressant entre les mains.

Si je pouvais plus pour le service de votre excellence je le
ferois de grand cœur, et elle me fera grande faveur de m'em-
ployer où elle aura besoin de moi avec assurance que je suis de
votre excellence

Monsieur le très humble et très obéissant serviteur

Nicolas Godet
A Ensisheim, 3 octobre 1663.　　　　de la comp. de Jésus.

1) Le meilleur résumé de l'histoire de cette abbaye, qui attend
encore son annaliste définitif, est celui qu'a publié en 1864 dans
la *Revue d'Alsace* M. Quiquerez.

Rappelons aussi que dans les *Monuments de l'évêché de Bâle*
de TROUILLAT, sont publiées près de 400 pièces concernant
Lucelle.

2) *Epitome*, p. 14.

3) S. Bernard aurait encore visité Lucelle deux autres fois,
en 1136 et en 1145. (Ib., p. 34. — Ses récents historiens n'en
disent rien.)

4) *De linea Morimundi, prima filia Bellevallis, anno 1124
fundata est, quæ tanquam fecunda mater et sicut oliva fructi-
fera in domo Dei plantata, septem, militanti in terris Jesu
Christi ecclesiæ, generavit filias speciosas, dans de dulci suo gremio*

qui à son tour devait devenir la mère d'une nombreuse postérité, puisque, dès la fin du siècle de sa fondation, sept colonies florissantes, dont nous ne citerons que les abbayes alsaciennes de Neubourg et de Pairis, la reconnaissaient comme leur métropole, et qu'à la fin du XVIIe siècle les moines de Lucelle avaient fondé ou restauré plus de 30 monastères d'hommes et 40 de femmes.[1]) Glorieuse fécondité qui a fait justement comparer Lucelle, par l'un des historiens de cette abbaye, notre vénéré maître M. le chanoine Dacheux[2]), « au grain de sénevé, dont parle l'Evangile, devenu un arbre immense qui a couvert de son ombre bienfaisante la moitié de l'Europe. »

Lorsque le jeune Buchinger entra à Lucelle, l'abbaye était sagement gouvernée par Jean Hanser, d'Ensisheim[3]), une des grandes figures de Lucelle, le principal organisateur de la

---

singulis abbatem, et, juxta numerum Apostolorum, duodecim filios . . . etc. . . . *Epitome,* p. 29.

1) Nous donnerons en appendice, d'après Buchinger (*Epitome*), l'*Idea chronotopographica Congr. Cisterc. S. Bernardi*, 1720, et le P. Janauschek (*Originum Cistercensium*, I.) la *généalogie* des filles de Lucelle.

2) *Revue catholique de l'Alsace,* 1859, p. 138.

3) *Alsatia sacra,* I, p. 364.

congrégation cistercienne de Saint-Bernard[1]) et le restaurateur de la discipline monastique. Hanser[2]) « qui se montra l'ami et le protecteur des savants, en attira plusieurs à Lucelle et enrichit la bibliothèque de sa maison des meilleurs ouvrages qu'il put trouver[3]) », devina sans doute quelle excellente recrue Notre Dame de Kientzheim envoyait à l'ordre, et Buchinger, la suite de sa vie le montrera, sut profiter à cette bonne école. L'abbé Hanser l'admit l'année suivante à la profession, — le jeune *Chrétien* fut désormais appelé *Bernardin*, — et lui conféra la tonsure cléricale. Puis il le chargea aussitôt des fonctions de bibliothécaire de la maison, charge qu'il remplit tout en faisant, nous raconte-t-il[4]), ses études de philosophie et de théologie.

En 1629, Buchinger, après avoir reçu en 1628 les ordres mineurs des mains de son

1) Cette congrégation, analogue aux congrégations bénédictines de S.-Maur et de S.-Vannes, comprenait en 1720 quatre provinces dont celle de la Suisse-Alsace qui renfermait 8 maisons d'hommes et 7 de femmes. Cfr. *Idea chronotopographica.*

2) Auquel sera consacré un des prochains volumes de notre petite collection des *Moines et religieuses d'Alsace.*

3) *Revue cath. de l'Alsace,* 1859, p. 142.

4) *Epitome,* p. 221.

— 8 —

abbé, — qui était alors Laurent Lorillard de
Delle, successeur de Hanser depuis 1626, —
fut ordonné sous-diacre, et l'année suivante,
1630, diacre et prêtre : le dimanche *Lætare*,
ajoute-t-il dans son *Epitome*[1]), il célébra la
Messe pour la première fois. Dom Lorillard
le prit pour secrétaire, le nomma ensuite archi-
viste de l'abbaye, et enfin grand cellerier[2]) :
ce qui était une des charges les plus importantes de la communauté. Buchinger remplit
ces fonctions pendant douze années, à l'époque
si agitée de la guerre des Suédois, *turbulento
belli Suevici tempore.*[3]) Il préludait ainsi aux
grandes affaires et aux grandes négociations
qui devaient l'occuper sa vie durant.

A la date où nous sommes arrivés, les
bandes Weimariennes, de sinistre mémoire,
mettaient toute l'Alsace, et particulièrement le
Sundgau, à feu et à sang. L'abbé et les moines
de Lucelle furent obligés de s'enfuir dès 1632[4]),

---

1) P. 221, où il nous donne toutes ces dates.

2) Le grand cellerier résidait ordinairement (au moins plus
tard) au prieuré-cure de Lutterbach, uni à Lucelle depuis 1327
(Cfr. A. H. A., f. de Lucelle, 82 et 92.)

3) *Epitome*, p. 223.

4) D'après QUIQUEREZ (*Revue d'Alsace*, 1864, p. 328) il y
avait à ce moment à Lucelle 53 religieux.

et en 1638 l'antique abbaye, indignement
saccagée, devenait la proie des flammes. « Rien
« n'échappa à la rapacité de ces soldats impies
« et fanatiques. Tout ce qu'ils ne purent enle-
« ver, fut par eux brisé et mis en pièces. Sculp-
« tures, tableaux, ornements, tout fut lacéré,
« détruit et mis en pièces... L'église fut cepen-
« dant épargnée par les flammes ; mais, dé-
« vastée par ces bandes de brigands, elle
« n'offrait plus, après leur départ, que des
« ruines tristement dénudées.[1] »

Que devenait pendant ces tragiques évènements notre Buchinger ? Il est probable que
lui aussi avait dû quitter son poste et se décider, comme ses frères, à errer sur la terre
étrangère. L'abbaye de Riddaghausen[2], dans
le duché de Brunswick, ayant perdu vers cette
époque son abbé envoyé à Eusserthal[3], Buchinger fut désigné pour le remplacer. Mais il
n'accepta pas cette charge qu'il jugea sans
doute trop lourde pour ses épaules : il n'avait

1) *Revue cath. de l'Alsace*, 1867, p. 20.
2) Ou Rittershausen (JANAUSCHECK, p. 84), une des abbayes
restaurées par les moines de Lucelle.
3) En Palatinat. Abbaye restaurée par Lucelle.

pas trente ans! Mais une dizaine d'années plus tard il se vit obligé *invitus, coactus virtute obedientiæ*, répète-t-il à plusieurs reprises [1]), d'accepter la dignité d'abbé de Maulbronn en Souabe. [2])

Après la restitution de cette abbaye aux catholiques, le cernéen Ch. Schaller [3]), aussi moine de Lucelle, en avait été le premier abbé. Ayant résigné en 1642, Buchinger fut désigné pour le remplacer, le 22 juillet, et il prit possession le 30 septembre suivant. [4]) Le 5 octobre de cette même année, il était béni à Schœnenthal [5]) en Souabe, où se célébrait le chapitre provincial de l'ordre, par l'abbé de Kaisersheim [6]) assisté des abbés de Schœnenthal et de Tennenbach. [7]) Son administration dura six années pendant lesquelles il eut peu de repos, on l'en croira volontiers : *ab infestatio-*

---

1) *Epitome*, p. 136 et 223.

2) Petite-fille de Lucelle, par Neubourg. Comme on le verra plus bas, cette abbaye fut unie en 1453 à Pairis.

3) Encore un moine de Lucelle qui mériterait une biographie ! (Cfr. *Revue-Mury*, 1859, p. 144.) Peut-être, ayant l'honneur d'être son compatriote, essaierai-je de l'écrire quelque jour.

4) *Gallia christiana*, V, 758.

5) Petite-fille de Lucelle, par Maulbronn.

6) En Bavière, seconde fille de Lucelle, fondée par le B. Ulric : encore un saint alsacien oublié par le *Proprium* du diocèse !

7) En Brisgau. Petite-fille de Lucelle, par Salem.

*nibus bellicis, aliisque molestationibus vix un-
quam requiem habens.* [1]) Enfin la paix de West-
phalie le délivra, mais en abandonnant l'abbaye au duc de Wurtemberg [2]). Buchinger se
retira avec ses moines à Pairis, uni depuis
deux siècles à Maulbronn.

Buchinger avait la consolation de revenir
dans sa patrie. Mais que d'embarras il avait
déjà eu pour rentrer en possession de l'abbaye
de Pairis! Cette maison en effet avait été
donnée en fief par les Suédois au général
Wetzel de Marsilly, et à sa mort, sa veuve et
son fils avaient continué de la détenir et d'en
percevoir les revenus, ne laissant aux trois religieux qu'ils y toléraient à peine, qu'une très
maigre pitance. Dès sa nomination à l'abbaye
de Maulbronn, Buchinger s'était préoccupé de
la restauration de Pairis, et il avait réussi à le
faire rendre à Cîteaux par l'entremise du roi
de France devenu maître en Alsace. Ce n'est
pas sans difficultés qu'il était arrivé à ses fins,
et, chose curieuse, les plus grands obstacles
paraissent lui avoir été suscités par un de ses

1) *Epitome*, p. 223.
2) Aujourd'hui les bâtiments de Maulbronn servent d'école.

confrères, celui-là même qu'il avait envoyé à la cour de France travailler à la restitution de Pairis. Ce religieux s'appelait François Hugues [1]), de Delémont. Buchinger l'avait nommé prieur de l'abbaye, puis l'avait envoyé à Paris, où, pendant qu'il agissait à la Cour, il remplit les fonctions de confesseur des Bernardines de S.-Antoine-des-Champs [2]). Mais voici qu'un beau jour Buchinger apprend que son mandataire avait obtenu pour lui-même le brevet de Louis XIII [3]). Ce n'était pas précisément ce qu'attendait Buchinger de son mandataire. Une sentence de déposition et d'excommunication [4]), lancée par l'abbé de Salem, alors provincial, fut nécessaire pour rappeler au devoir Fr. Hugues. En même temps Buchinger avait postulé en cour de Rome l'extinction de la commende. Là aussi ses démarches avaient heureusement abouti [5]), et lorsqu'il dut, le 30

---

1) Ou Hugué (*Epitome*, 33, — où Buchinger fait son éloge.)

2) A. H. A., f. de Pairis, I, 11. Voir aussi ib., les *Tabulæ mortuorum* de Pairis, ms. de Buchinger, p. 8.

3) A. H. A., ib.

4) L'original en est conservé aux A. H. A., f. de Pairis, I, 4.

5) *Parisiense monasterio sibi postliminio vendicandum ab Urbano VIII pontifice reposcit consequitturque, novam insuper pontificiam provisionem, commendæ titulo in posterum extincto,* dit-il dans sa propre notice des *Tabulæ mortuorum.*

novembre 1649, quitter définitivement Maulbronn, rien ne s'opposait plus à ce qu'il entrât
en paisible possession de Pairis.

Bien que perdue dans les montagnes, cette
maison avait beaucoup souffert dans ces temps
de calamité. Buchinger mit à la réorganiser la
prodigieuse activité dont il était capable, la
suite de sa vie le fera bien voir, ne négligeant
rien pour faire refleurir l'antique abbaye[1]). Un
de ses premiers soucis fut de recueillir les documents de son histoire, et il a laissé le résultat de ses recherches dans un précieux manuscrit encore conservé aujourd'hui[2]).

Le jeune et vaillant abbé ne limitait pas à
Pairis les efforts de son activité. Renseignés
sur sa capacité, ses supérieurs majeurs le
chargèrent à plusieurs reprises d'importantes
négociations. L'une des plus curieuses et sur
laquelle de nombreux documents ont été conservés[3]), est celle de la déposition de l'abbé

1) Il écrivait lui-même en 1650 : *Eam* (l'abbaye de Pairis)
si non féliciter tamen viriliter tenet et conservat.

2) Les *Tabulæ mortuorum*, dont il a déjà été question. Buchinger y dit dans la dédicace : *Multo et diuturno labore totum
archivum..., omnes litteras et documenta iterum iterumque in-
volverimus.* — M. l'abbé Clauss a l'intention de publier en entier
ce précieux manuscrit.

3) A. H. A., f. du Conseil Souverain, H 3, liasse *a* (43 pièces.)

de Neubourg, Bernard Klebeisen, contre lequel de graves plaintes avaient été adressées à l'abbé général de Cîteaux. Chargé de cette délicate enquête, de concert avec l'abbé de Tennenbach, Buchinger conclut à la déposition de l'indigne prélat, et Michel Strömeyer fut élu, en son lieu et place, en 1652. Malheureusement la soumission de Klebeisen n'avait été qu'une comédie : ce qui obligea l'année suivante Buchinger, avec deux autres abbés de l'ordre, de retourner à Neubourg pour y confirmer sa première sentence. Une troisième fois l'ex-abbé revint à la charge : mais les griefs qu'on avait contre lui étaient trop patents et trop graves. Buchinger ne put que le condamner définitivement, en 1654.[1])

Pendant qu'il s'occupait ainsi à relever Pairis de ses ruines et qu'il travaillait à la restauration de la discipline monastique, plusieurs abbayes importantes furent offertes à notre Buchinger : entr'autres, nous apprend-il lui-même[2]), celle d'Eberbach, célèbre maison située dans le Nassau que lui offrit l'électeur

---

1) Cfr. mes *Miscellanea alsatica*, II, 104.
2) *Epitome*, p. 224.

de Mayence dans le diocèse duquel elle était située.[1] Buchinger la refusa, ainsi que deux autres qu'il ne nomme pas. Mais à la mort de Norbert Ganbach, le 39e abbé de Lucelle, arrivée le 2 novembre 1654, il fut obligé par ses supérieurs, — *majorum authoritate compulsus*, — de se charger du gouvernement de Lucelle auquel il avait été appelé par l'élection du 16 novembre : tous ses confrères, sous la présidence de l'abbé de Saint-Urbain, lui avaient donné leurs suffrages.

Lucelle, nous l'avons vu, avait été ruiné pendant la guerre des Suédois. D'abord fixés à Petit-Lucelle, les moines s'étaient ensuite, sous le prédécesseur même de Buchinger, installés dans le prieuré de Lœwenbourg[2], plus voisin de Lucelle. C'est de là que Buchinger après avoir rebâti l'abbaye, allait avoir la joie de les y ramener, méritant ainsi le titre de second fondateur de Lucelle.

1) JANAUSCHECK, p. 20.
2) *Epitome*, p. 251.

Chapitre II.

1654-1655.

Le « Diarium » de Buchinger. — Dulye et les Trois-Epis. — Le
« Mirakelbuch ». — Buchinger à Soulzbach. — Visites des
cures unies à Lucelle. — Le droit de bourgeoisie à Mulhouse.
— Alliance avec les cantons Suisses. — L'office de S. Léon IX.
— Réunion à Ensisheim de l'Assemblée des prélats.

Comme beaucoup de moines de cette
époque, Bernardin Buchinger tenait, jour par
jour, un récit détaillé des évènements grands
et petits de son administration : ce *Diarium*
ne nous est malheureusement pas parvenu
dans son intégrité, et deux volumes seulement
sont aujourd'hui connus [1]). Ils s'étendent du
Ier juin [2]) 1655 à la fin de l'année 1659. En
attendant qu'on publie intégralement ce très
important document [3]), nous en tirerons quelques pages intéressantes.

1) Ils sont conservés aux archives de Berne, f. de l'ancien
évêché de Bâle.

2) Et non du 29 comme l'a imprimé par erreur M. Vautrey
(*Revue-Mury*, 1869, p. 442.)

3) Rien ne renseignera mieux sur l'histoire religieuse de la
Haute-Alsace à cette époque de transition. M. Vautrey en a
publié d'importants fragments (loc. cit.) que nous reproduirons et
compléterons ça et là.

La toute première affaire, après la restauration de Lucelle dont il sera question plus bas, dont nous voyons par ce *Diarium* Buchinger s'occuper à cette date, est celle de l'organisation du prieuré des Trois-Epis. Comme l'on sait [1]), le chanoine-lorrain Pierre Dulys avait relevé de ses ruines la chapelle de N.-D. des Epis et l'avait fait ériger canoniquement en prieuré. Restait à faire le choix des religieux qu'il chargerait de desservir le pélerinage. Il s'adressa d'abord aux chanoines réguliers de S. Pierre Fourier. Ceux-ci n'y restèrent qu'une année, et à l'époque où nous sommes, Dulys faisait des ouvertures à Buchinger et à ses religieux de Pairis. Ce Pierre Dulys est un fort curieux personnage dont l'originale physionomie mériterait une étude spéciale : le *Diarium* de Buchinger ajoute quelques traits nouveaux à ce que nous en savons déjà. A ce moment, Dulys ne jurait que par les Cisterciens : il les voulait à tout prix aux Trois-Epis. Bien plus, il songeait à embrasser leur règle, et priait Buchinger d'obtenir de l'abbé de Ci-

---

1) Cfr. surtout l'histoire de N. D. des Trois-Epis de M. Beuchot, *passim*.

teaux dispense du noviciat. Plus tard Buchinger dut écrire pour le même sujet au nonce de Lucerne. Après d'assez longues négociations, on accorde à Dulys ce qu'il désire, et on convient que le prieuré des Trois-Epis restera sous la dépendance de Lucelle. L'année 1656 ne se terminait pas cependant sans que l'inconstant personnage ne donnât déjà des marques de son esprit versatile, et trois années après on était en procès ! Les religieux de Pairis furent remplacés en 1659 par les Antonites qui à leur tour ne tardaient pas à avoir des difficultés avec Dulys. Mais nous n'avons pas à faire ici l'histoire des Trois-Epis [1]). Mentionnons seulement encore ce détail que Buchinger profita d'une saison aux eaux de Soulzbach (juillet 1655) pour faire une enquête sur les miracles arrivés aux Trois-Epis : il fit citer devant lui divers témoins, entr'autres J. Joner, le futur stettmeister de Colmar, et plusieurs bourgeois d'Ingersheim, et c'est à la suite de ces interrogatoires qu'il écrivit un *Mirakelbuch* des Trois-Epis, encore conservé aujourd'hui comme nous le dirons en son lieu.

---

1) Cfr. du reste l'ouvrage cité de M. Beuchot, ch. IV.

Ce séjour à Soultzbach[1]), — où Buchinger revint à diverses reprises[2]), — ne fut pas précisément un temps de repos pour notre actif prélat. Tous les jours son *Diarium* mentionne les importantes lettres qu'il écrit ou qu'il reçoit. Puis ce sont d'incessantes visites des personnages laïques ou ecclésiastiques de la région : le doyen de Colmar, celui de Munster, le curé de Turckheim, le prieur des Dominicains de Colmar... etc... Tout ce monde dîne avec lui. Un autre jour c'est l'abbesse d'Alspach[3]).

1) Il est intéressant de signaler ce que l'on dépensait aux bains de Soulzbach à cette époque. Buchinger note soigneusement dans son *Diarium* qu'il eut à remettre à l'aubergiste de la Couronne 17 florins et quelques batzen, mais il fait remarquer qu'il avait, outre son *famulus*, de fréquents invités. Pour les chambres on lui compta 11 florins. Diverses autres dépenses (sans doute les bains, l'eau, le service...) 18 florins. Enfin on but à Soulzbach pendant ce séjour, mais de son propre vin, deux mesures et demie, et la dépense d'avoine fut de 2 rézeaux et 2 boisseaux.

2) Buchinger, bien que son portrait soit celui d'un homme de forte constitution, ne paraît pas avoir joui d'une très bonne santé. A tout moment nous le voyons aux prises soit avec un médecin de Bâle (le Dr Platter, le fils de celui dont en a publié les curieux mémoires), soit avec le médecin du prince-évêque. Buchinger note soigneusement les jours où l'un ou l'autre de ces praticiens venait, selon la mode du temps, lui tirer du sang. Il nous semble aujourd'hui que, pour un homme qui dépensait sanscompter ses forces, c'était une bien singulière manière de le soigner. Pendant les 4 années 1/2 pour lesquelles nous possédons le Diarium, Buchinger ne se fit pas saigner moins de huit fois si nous comptons bien.

3) Buchinger avait été nommé *ex delegatione apostolica* visiteur d'Alspach en 1654.

Une autre fois, le 2 août, il va présider la fête de la Portioncule chez les capucins du Weinbach [1]). Le lendemain, il est à Pairis. Le 4 de nouveau à Colmar, où le 9 il convoque à une partie de pêche, à la *Theinenwasser* (la pêche de l'Ill relevait de Pairis), avec le doyen de Colmar, le prieur des Dominicains et un de ses religieux, le P. Michel, qui paraît avoir été tout-à-fait de ses amis, son parent Sébastien Buchinger, et son secrétaire Jean Philippe Schupfner.

De retour à Lœwenbourg le 17 août, Buchinger après y avoir célébré solennellement la fête de S. Bernard, emploie la fin du mois à inspecter diverses cures qui dépendaient de son abbaye. Le 23, il est à Lutterbach où il ordonne la restauration de l'église et prescrit l'entretien de la lampe ardente devant le Saint-Sacrement. Le lendemain, c'est Schlierbach qu'il visite et où il fait la même recommandation. Il ordonne aussi de clore le cimetière. Le 6 il va à Charmoilles inspecter l'église et la cure.

1) Notons qu'il dîna ce jour-là chez M. du Lys à Ingersheim avec Dom de L'Escale, le futur prieur de Munster.

Le 10 Buchinger fait sa première visite officielle à Mulhouse. Comme l'on sait, les abbés de Lucelle, possessionnés dans cette ville depuis le milieu du XIIIe siècle[1]), y jouissaient du droit de bourgeoisie[2]). A chaque élection nouvelle, ce privilège devait être renouvelé. Buchinger ne manqua pas, à cet effet, de se présenter au bourgmaître Pétri qui l'assura de sa bienveillance et de sa prompte bonne volonté à lui envoyer ses lettres de bourgeoisie. Le 29 octobre suivant elles étaient effectivement remises[3]) à l'abbé de Lucelle qui, à cette occasion avait régalé somptueusement le Magistrat de Mulhouse. Le menu du festin ne nous a pas été conservé, mais un document des Archives de la Haute-Alsace[4]) nous apprend que Buchinger dépensa à cette occasion 38 livres et 3 sols, sans parler des volailles, dindes, chapons, poules ... etc ... qu'il avait fait venir de la basse-cour du prieuré

1) *Cartulaire de Mulhouse*, I, p. 15.
2) De même qu'à Bâle (Cfr. A. H. A., f. de Lucelle, I, 6), et dans plusieurs autres villes de Suisse et d'Alsace.
3) L'original en est encore conservé aux A. H. A., ib., 97, 8, ainsi que d'intéressantes pièces concernant les relations de Buchinger avec Mulhouse.
4) F. de Lucelle, 97, 8.

de Lutterbach. Notre abbé qui s'entendait en l'art culinaire, *in arte magyrica* [1]), fit acheter à Bâle pour cette circonstance, une livre de câpres, une demi-livre d'olives, douze oranges et citrons : denrées fort rares à cette époque dans nos régions.

Dans l'intervalle, car Buchinger ne s'attardait guère aux festins, l'actif abbé continuait sa tournée d'inspection. Le 11 septembre 1655 il est à *Niedermorschwiller* : il y visite aussi le seigneur du lieu, Guillaume zu Rhein. Le 13, de retour à Lœwenbourg il y fait venir son vicaire de *Ferrette* [2]) qui lui rend compte de l'état de son église et des églises voisines. La fête du patron, S. Bernard de Menthon, y est célébrée le 15 juin ; la dédicace, le dimanche après la Ste Madeleine. Ste Catherine est la patronne de la chapelle du château. Au *Vieux-Ferrette*, l'église est à restaurer et à pourvoir de vases sacrés. Le 1er patron est S. André ; les 10.000 martyrs sont patrons secondaires. La dédicace se fête le dimanche après

---

1) *Epitome*, p. 230. — Voir les appendices.

2) Où il n'alla pas lui-même, comme le dit M. Vautrey (*Revue-Mury*, 1869, p. 443).

la S. Barthélemy. Les revenus de cette église sont bien modiques, *valde tenues*. A *Raeders-dorf*, même nécessité de réparer l'église et même indigence de vases sacrés. Le patron est le protomartyr Etienne et la dédicace fixée au dimanche *Exaudi*.

Le 28, Buchinger visite en personne son église de *Volkensbourg*, dont le premier patron est S. Gall, le second S. Georges. La dédicace se célèbre le dimanche après Simon et Jude. Buchinger ordonne de faire une fenêtre dans le chœur et de dresser inventaire du mobilier.

Le lendemain il est à *Attenschwiller* où il recommande d'exhausser le chœur. Le premier patron est S. Romain martyr. Les seconds S. Himier et S. Valentin : ce dernier a aujourd'hui détrôné S. Romain. *Ex devotione* sont aussi célébrées les fêtes de S. Henri et de Ste Anne. Le dédicace se fait le dimanche après Ste Vérène. On fera un inventaire.

Michelbach-le-Haut reçoit le même jour le zélé prélat. Il y ordonne aussi la confection d'un inventaire. Le patron principal est S. Jacques le majeur ; les 2es S. Sébastien, S. Théodule (quem *S. Joder* vocant), Ste Agathe,

Ste Odile et Ste Lucie. La dédicace est fêtée le dimanche avant la S. Gall.

A peine de retour à Lœwenbourg, Buchinger y reçoit de l'évêque de Bâle, Fr. de Schœnau, l'invitation de se trouver le 18 octobre à Porrentruy pour le renouvellement de la confédération avec les sept cantons catholiques de la Suisse. Notre *Diarium* rapporte en détail cette imposante cérémonie [1]). Marquons seulement ici que Buchinger, arrivé la veille avec son prieur et deux serviteurs, accompagna le lendemain le prince, chez qui il avait dîné, pour aller au devant des députés. Toute la cour, le chapitre, les abbés de Beinwill et de Bellelay faisaient aussi partie du cortège. Le 19 la journée fut en grande partie prise par une représentation théâtrale donnée par les élèves du collège. Le lendemain eut lieu le renouvellement solennel du traité d'alliance.

Buchinger profita de ce séjour à Porrentruy pour présenter au vicaire général, Florian

---

1) On en trouvera un récit détaillé dans l'*Histoire des évêques de Bâle*, de M. Vautrey, II, p. 238, d'après les *Annales du collège de Porrentruy.*

Rieden, l'office de S. Léon IX, le pape alsacien [1]), qu'il avait composé à la prière du
prince-évêque, pour être inséré dans le Propre
du diocèse. Buchinger conféra aussi de cette
affaire avec le confesseur de Mgr. de Schœnau,
le jésuite Adam Griesser, qui préparait la publication de ce nouveau Propre [2]). Celui-ci,
après lui avoir demandé, le 17 novembre de
la même année 1655 [3]), l'autorisation de modifier quelques expressions de la 5e leçon, in-
séra dans le Propre l'office composé par Buchinger[4]) qui, l'année d'après, note soigneusement dans son *Diarium* sa joie, d'avoir célébré, pour la première fois, à Lucelle, l'office
du pape alsacien.

Après avoir passé avec ses moines les fêtes
de la Toussaint et des Morts, Buchinger se
mit quelques jours après de nouveau en route.
Arrivé à Colmar le 12, il y reçoit le 19, le

1) Dont Lucelle possédait l'insigne relique conservée aujour-
d'hui à Eguisheim.

2) Notre compatriote et ami, l'éminent bibliographe de la
Compagnie de Jésus, le P. Sommervogel n'a pas connu ce fait.
D'après lui le P. Griesser serait mort à Delémont en 1667.

3) Dans cette lettre, le P. Griesser parlait aussi à Buchinger
de novis scholis catholicis à fonder à Colmar.

4) Ce n'est pas l'office qui se trouve aujourd'hui dans le Propre
du diocèse.

curé de *Turckheim* qui vient lui rendre compte
de l'état de son église. Buchinger lui ordonne
de faire un inventaire et consent à ce que l'on
transforme le maître-autel en autel du Rosaire,
pourvu que l'image de Sⁱᵉ Anne, la patronne,
y reste *in superiore parte*.

Buchinger se trouvait encore à Colmar le
21, jour où cette année s'y célébrait la fête
patronale. Il y officie pontificalement à cette
occasion, et ce jour-là même, y est témoin
d'un fait miraculeux dont il parle ainsi dans
son *Diarium* : « *Circa horam tertiam post meridiem SS. Sanguinem D. N. Jesu qui in ampulla, in archivio nostro Colmariensi, et vasculo argenteo continetur et duas rursus, sicut ante annum, guttulas ebullientes concretas, ego, P. Martinus et Jean Philippus Schupfner* [1] *cubicularius, cum stupore et admiratione adpeximus.* [2] »

C'est également pendant ce séjour à Colmar que Buchinger apprit que, sur l'ordre du

1) Au lieu de ce nom, Vautrey a lu *Scheist meus*.
2) C'est la célèbre relique rapportée d'Orient (ex Berith-Beyrouth ? — dit HUGO, *Sacr. antiq. monumenta*, II, p. 278, note) par l'abbé Martin Litz. (Cfr. GRANDIDIER, *Vues pittoresques*, Pairis, p. 11, note *c.*) On célébrait une fête à Pairis en l'honneur de cette relique.

Roi, on avait commencé la démolition du château du Hohnack [1]) : comme ce château avait été donné à Pairis par les comtes de Lupfen[2]), Buchinger protesta, mais sans doute inutilement.

Avant de rentrer à Lœwenbourg, où il devait terminer cette année 1655, Buchinger convoqua à Ensisheim l'assemblée des prélats, le *Praelatenstand*, de la Haute-Alsace. Cette assemblée, sur l'origine de laquelle les renseignements font défaut, se réunissait assez régulièrement à Ensisheim. Buchinger était le président. Cette fois nous y voyons arriver Gall Häglin, prévôt du chapitre de Thann ; le recteur de Masevaux, G. Faller, chargé de pouvoirs de l'abbesse. Assistent encore à la réunion le précepteur des Antonites d'Isenheim, Jacques[3]) et le recteur des Jésuites chez qui se tenait l'assemblée, le P. Schubert[4]). On

1) Et non *Hohnau*, comme dit Vautrey.

2) Dit Buchinger dans son *Diarium*. Cfr. sur l'affaire de la démolition de le château, aux A. H. A., série E, les liasses 1484-85 et 2614 ; et la notice sur *Le château de Hohnack*, publié par M. Fr. Kessler dans le *Bulletin du musée historique de Mulhouse*, 1888, p. 76. — La cloche et les ornements de la chapelle, sur les réclamations de Buchinger, furent donnés aux Trois-Epis, en ce moment uni à Pairis. (A. H. A., extradition Munich, 1886, série I, 173.)

3) Nom à ajouter à ma liste de l'*Alsatia sacra* (II, p. 392).

4) Idem (II, p. 312).

délibéra sur la nouvelle situation faite au pays-
par l'annexion à la France, et chose digne de
remarque, on décida qu'on écrirait au cardi--
nal de Mazarin pour se recommander à lui et
le prier d'intervenir auprès de l'intendant du
roi en Alsace pour la conservation des anciens-
privilèges des maisons religieuses d'Alsace.
Moyennant quoi ils pourront « *uberius pro
Ecclesiæ et fidei catholicæ augmentum et regis-
servitio inservire.* »

Chapitre III.

1656.

Un nouvel abbé de Pairis surgit tout-à-coup. — Buchinger exige
une élection canonique qui régularise la situation. — La restauration de Lucelle. — Fêtes de Lucelle.

Nous avons vu Buchinger s'occuper des
Trois-Epis à titre d'abbé de Pairis. Il avait
été autorisé par le général de l'ordre à cumu-
ler pendant quelque temps encore cette charge
avec l'abbatiat de Lucelle, à cause du misé-
rable état de cette dernière maison. Mais voici
que cette situation allait brusquement chan-
ger, à son grand déplaisir. Il avait tranquille-
ment achevé l'année 1655 à Lœwenbourg et
commencé l'année nouvelle, occupé surtout,
comme nous le verrons bientôt, de la restauration matérielle et morale [1]) de Lucelle ; puis
à la mi-février 1656, s'était de nouveau mis
en route pour Colmar où il était arrivé le 20

1) Ainsi il reçoit à la profession le 2 février quatre novices,
dont l'un Pierre Tanner, de Colmar, fils de l'économe de la
collégiale de S.-Martin et de Marguerite Buchinger, devait devenir
de 42 abbé de Lucelle.

au soir. Le 22 Buchinger dînait au Weinbach, le 24 aux Trois-Epis d'où il se rendit à Pairis.

Mais voici que le lendemain arrive en grand secret le secrétaire du R. P. Général, Dom Olivier de Foulongue, avec des provisions du roi pour l'abbaye de Pairis et muni aussi de l'institution de l'abbé de Cîteaux. Un notaire et deux témoins accompagnaient Dom Olivier, *ex mandato* de l'intendant M. de Kolbert (sic.)

A cette nouvelle, Buchinger se précipite à l'église et y trouve Dom Olivier qui exhibe ses papiers. Comme notre abbé avait une dispense régulière de l'abbé-général pour garder la crosse de Pairis encore une année, il proteste énergiquement, disant que l'intendant était mal informé de la situation des choses, qu'en tous cas rien ne pouvait se faire en l'absence du Prieur de Pairis et d'un autre moine de la maison, tous deux détachés aux Trois-Epis. Dom Olivier se rend avec peine aux raisons de Buchinger qui le prend à part pour lui représenter le scandale qui résulterait d'une prise de possession tumultueuse. « Je résignerai volontiers l'abbaye, ajoute-t-il [1]), si on laisse aux religieux leur droit de libre élection. » Dom Olivier finit par y consentir. On fait venir les moines qui étaient aux Trois-Epis; l'on renvoie à Brisach les témoins et le notaire: Buchinger note que ce dernier était *acatholicus*; et on fixe au lendemain la cérémonie de l'élection nouvelle, à faire conformément aux canons et aux constitutions de l'ordre.

Le lendemain en effet, 26, — c'était le samedi veille du dimanche *Laetare*, — à 8 h.$^1|_2$ la cloche du monastère appelle à l'église la communauté. Buchinger préside, assisté des curés d'Orbey et de Lapoutroie comme scrutateurs et témoins. Dom Keulinger est constitué notaire et secrétaire. Après que Dom Olivier eut renoncé à tous les droits que pouvaient lui donner les lettres du roi et la provision du général, Buchinger déclare résigner l'abbaye de Pairis et s'être décidé à procéder à l'élection d'un nouvel abbé. Puis il célèbre la messe du Saint-Esprit. La messe terminée, et le *Veni creator* récité, on délibère longuement, et *con-*

1) Tous ces détails sont extraits mot pour mot du *Diarium* de Buchinger.

sideratis variis circumstantiis, les électeurs — c'étaient, outre Buchinger, Dom Maffre prieur, et les Pères Lorillard, Franck, Buelmann, Bieler et Tanner, — désignent Dom Olivier. Aussitôt, au chant du *Te Deum,* on conduit le nouvel abbé à sa stalle où les moines viennent lui promettre obéissance. Puis on se rend au chapitre où, toutes les difficultés oubliées, on présente au nouveau prélat de cordiales félicitations.

On admirera l'énergique résolution que Buchinger sut montrer, dans cette circonstance délicate, pour l'observation des règles canoniques. Dom Olivier eut le bon esprit de n'en pas témoigner de mécontentement à l'égard de Buchinger. Après avoir réglé de concert quelques détails d'administration, ils partirent ensemble pour Ensisheim, Lutterbach, Blotzheim, pour arriver le 13 à Lœwenbourg que Dom Olivier quitta le lendemain pour Porrentruy.

La grande préoccupation de Buchinger à ce moment est la restauration de Lucelle. Nous avons vu qu'au commencement de l'anné 1638[1])

1) *Circa festum Purificationis Deiparæ,* dit Buchinger. (*Epitome,* p. 119.)

un corps de troupes bernoises qui se trouvait dans les rangs de l'armée suédoise avait saccagé Lucelle et que depuis l'abbaye était restée inhabitée[1]). Aussitôt chargé de l'abbaye, Buchinger avait entrepris de la restaurer, et chaque fois qu'il revenait à Lœwenbourg, dans les intervalles de repos que lui laissaient ses incessants voyages, il ne manquait pas de se rendre à Lucelle pour inspecter et régler les travaux qu'il y avait fait commencer. A partir de la fin de cette année Buchinger y fait même rester en permanence, afin sans doute de hâter les travaux, un de ses moines, Dom Eugène Glutz, et un frère convers.

Enfin le 28 mars 1657, après le dîner, *Deo comite*, Buchinger et sa communauté quittèrent Lœwenbourg pour rentrer à Lucelle. Au seuil du monastère le Prieur entonna le *Sub tuum*. Puis Buchinger commença le *Te Deum* au chant duquel on s'avança jusqu'au maître autel où il chanta l'oraison et donna la bénédiction solennelle. Puis chacun gagna sa cellule pour y déposer ses petites affaires.[2])

1) Déjà depuis le 24 nov. 1632, d'après le *Diarium* (au 28 mars 1657.)

2) *Quilibet reculas* (et non *res suas*, comme a lu Vautrey) *in cella sua disposuit.*

L'heure venue, continue Buchinger, on se réunit au réfectoire pour la collation, pendant que le lecteur continuait la lecture à l'endroit où l'on avait cessé à midi à Lœwenbourg. Puis on se rendit à la sacristie, disposée en oratoire, pour y chanter complies et ensuite les matines du lendemain qui était le Jeudi-Saint.

La communauté se composait à ce moment, outre notre abbé, du prieur le P. Malachias Sprenger, du P. Caspard Widenmeyer, et du P. Eugène Glutz. Il y avait en outre plusieurs novices : les frères Robert Bieler, Norbert Textor, Gerard Missing (hôte d'Eberbach), François Hatzel, Bernard Brunner et Wilhelm. Enfin quelques frères convers. Ce petit nombre relatif s'explique par ce fait que la plupart des Pères de la maison étaient dispersés dans les divers prieurés et cures qui dépendaient de Lucelle : Lutterbach, S.-Apollinaire, Blotzheim . . . etc. . . . .

Le jour donc du Jeudi-Saint, pour la première fois depuis de longnes années, fut célébré dans l'église de Lucelle un office solennel. Désormais et jusqu'à la suppression de l'abbaye, les louanges de Dieu ne devaient plus

cesser de retentir jour et nuit dans cette soli-
tude bénie.

Buchinger cependant, à son grand regret,
dût renoncer à résider lui-même habituellement à Lucelle. L'habitation qu'il occupait
était humide, et dès cette première nuit il
tomba malade et fut ainsi obligé de retourner
à Lœwenbourg, où il continua de demeurer
ordinairement.

A tout moment cependant, et spécialement
pour tous les jours de fêtes, Buchinger repre-
nait le chemin de l'abbaye. Ainsi il y est le 1ᵉʳ
mai pour bénir, dans la chapelle extérieure de
la Vierge, bâtie sur l'emplacement de la source
de S.-Bernard, deux cloches qui provenaient
de Maulbronn. La Fête-Dieu, qu'on n'avait
plus célébrée à Lucelle depuis 25 ans, y ramène
de nouveau Buchinger ; de même le 15 août.
Pour la S.-Bernard de cette année il est à Lucelle dès l'avant-veille pour faire tous les préparatifs : aussi bien a-t-il invité le nouvel
évêque de Bâle, Mgr de Roggenbach, qui arrive le 20 avec ses chanoines et sa cour et qui
célèbre le lendemain la messe. Chaque année
à pareil jour, Lucelle revoit les mêmes solen-

nités que Buchinger mentionne avec satisfaction dans son *Diarium*. Notre abbé était en effet un vrai moine, et tenait, son journal en contient de nombreux témoignages, à la célébration la plus digne possible de l'office divin. C'est encore un des beaux côtés de ce noble caractère qu'il faudrait mettre en lumière. Notons seulement ici qu'on lui doit, outre la publication de divers livres liturgiques [1]), la réorganisation du culte suivant le rit romain comme il nous l'apprend lui-même à divers endroits de son journal.

Lucelle n'était encore restaurée qu'en partie. Buchinger n'eut de cesse qu'il n'eut rendu à l'abbaye son antique splendeur. Il fait des démarches à l'effet d'obtenir des vitraux pour l'église : le roi de France envoie en février 1659 une verrière à ses armes. L'abbé de Saint-Blaise, dans la Forêt-Noire, en fait autant la même année [2]), et en octobre, Buchinger écrit à l'abbé de Neustadt en Autriche pour lui parler des travaux de restauration de Lu-

1) Cfr. appendice IV.

2) L'année précédente un seigneur de Hésingen, Wallier, lui avait aussi promis un vitrail. *(Diarium.)* Cette année encore la voûte du chœur avait été refaite.

celle et lui demander également une verrière à ses armes. Le mois suivant, pareille demande à l'évêque de Bâle qui est sans doute aussi favorablement accueillie. Plus tard[1] Buchinger fit installer dans son église un superbe maître-autel qui avait été construit à Lœwenbourg[2]. Entre l'église et le mur de clôture, du côté du nord, Buchinger fit construire un bâtiment suffisant pour loger trente moines. Au sud il fit élever l'abbatiale. L'architecte de ces nouvelles constructions fut, sous la direction de Buchinger, un capucin du couvent de Landser, le fr. Probus. Ainsi, à la mort de notre abbé, Lucelle avait atteint à tous les points de vue, son plus haut degré de prospérité.

1) En 1668.

2) L'église de Lucelle devint ainsi *la plus belle du diocèse de Bâle.* (*Revue-Mury*, 1867, p. 20.)

Chapitre IV.

1656-1659.

Buchinger visite les maisons cisterciennes d'Olsberg, de Königs-
bruck, de Lichtenthal. — Alspach sous la direction de Buchinger. — Les Tiercelines d'Ensisheim.

Le zèle de Buchinger ne s'exerça par seulement dans l'enceinte des abbayes de Pairis et
de Lucelle dont il était chargé. Bien d'autres
monastères, tant de Cîteaux que d'ordres étran-
gers, en ressentirent les heureux effets.

Une des maisons de l'ordre dont il s'occupa avec le plus de soin fut le monastère de
cisterciennes d'Olsberg près de Rheinfelden.
Cette maison ne se rattachait point à Lucelle
par sa fondation [1]) mais elle était soumise à
la visite des abbés de Lucelle déjà fort an-
ciennement [2]). Nous voyons Buchinger s'y
rendre le 2 avril 1656 pour y présider la ré-
ception de plusieurs novices et y faire le lende-

----

1) Olsberg primitivement avait été un monastère de bénédictines (*Epitome*, p. 145).

2) MüLINEN (*Helvetia sacra*, II, p. 126) signale une visite
d'un abbé de Lucelle en 1452.

main la visite canonique. Ce monastère, qui
avait été saccagé pendant la guerre des Suédois, s'était relevé rapidement de ses ruines
et jouissait à ce moment d'une véritable prospérité. Le *Diarium* de Buchinger nous l'y
signale de nouveau l'année suivante à peu
près à pareille époque [1]), et encore au mois
d'août, puis le 28 avril 1658, et enfin le 24
août 1659, jour où il y consacre solennellement
trois autels, avec le concours du gardien des
capucins de Rheinfelden, le P. Marc Jacques de
Schœnau, et l'assistance de quelques autres
prêtres et moines du voisinage. Le *Diarium*
décrit avec complaisance cette cérémonie : le
maître-autel nous dit-il, fut consacré en l'honneur du Christ au jardin des Oliviers (Olsberg, *Hortus-Dei*), de la Vierge douloureuse,
des SS. Jean-Baptiste, Pierre et Paul, Nicolas,
Benoît et Bernard ; l'autel de droite en l'honneur des SS. Joachim, Jean l'Evangéliste, Philippe et Jacques, des 10.000 martyrs et de tous
les SS. Cisterciens ; celui de gauche, en l'honneur des saintes Anne, Catherine, Marguerite,

[1] Exactement du 20 au 23.

Barbe, Agathe, Ursule et ses compagnes, Lut-
garde et de toutes les S^{tes} Vierges.

Buchinger bénit en outre deux cloches : la
plus grande en l'honneur des SS. Théodule et
Bernard ; l'autre en l'honneur de la Ste Vierge
et de Ste Catherine.

La cérémonie se termina par un office
pontifical.

C'est au cours d'une ces visites d'Olsberg,
que le 2 avril 1656, Buchinger reçut, du général de l'ordre, commission de visiter Neubourg. Buchinger connaissait de longue date
cette abbaye,[1]) et nous l'avons vu, au début
de son abbatiat de Pairis, contribuer à y ramener l'ordre et la paix en déposant un supérieur
indigne. Sous le successeur de celui-ci l'antique
monastère était redevenu prospère. A l'arrivée
de Buchinger plusieurs religieux de la maison
étant absents, notre abbé fit d'abord la visite
du monastère de bernardines de Kœnigsbruck.[2]) Ces religieuses avaient, par suite des
guerres,[3]) été contraintes de se réfugier à Ha-

---

1) Qui était la première *fille* de Lucelle.
2) Qui dépendait originairement des abbés de Maulbronn aux
droits desquels Buchinger avait succédé.
3) Cfr. *Alsatia sacra*, 1, p. 390.

guenau, dans la maison qu'elles y possédaient. Buchinger, ici comme partout, grand réparateur des ruines qu'avait accumulées en Alsace la guerre des Suédois, profite de cette première visite de ce monastère pour aller, avec l'abbesse, examiner ce qui restait des bâtiments de Kœnigsbruck et ce qu'il y avait à faire pour les restaurer. Après avoir terminé ces deux visites canoniques, Buchinger passe le Rhin le 10 mai pour aller faire celle du monastère de Lichtenthal, soumise aussi à l'inspection des abbés de Lucelle [1]). Buchinger est à cette occasion, reçu par les princes de Bade, protecteurs de cette abbaye. [2])

L'année suivante, 1657, à pareille date nous retrouvons de nouveau Buchinger aux mêmes endroits, occupé aux mêmes fonctions. Kœnigsbruck n'est pas encore rétabli. En 1658, c'est un peu plus tard qu'il retourne en Basse-Alsace et c'est le 26 août [3]) seulement

---

1) Egalement par Maulbronn. — En revenant cette fois de Neubourg, Buchinger s'arrêta à Ingersheim pour y bénir deux cloches.

2) Aujourd'hui cette abbaye subsiste encore, grâce à cette protection de la famille de Bade dont les ancêtres reposent dans l'église du monastère.

3) C'est en se rendant en 1658 à Neubourg que Buchinger en passant visita l'église et le sépulcre de S. Ludan. Sur le tom-

qu'il arrive à Neubourg. Kœnigsbruck est dans
le même état [1]). A Neubourg une difficulté
surgit qui donne à Buchinger l'occasion de
maintenir fermement les privilèges de son
ordre. On sait que les maisons cisterciennes
se prétendaient exemptes des avoueries [2]) qui,
à l'origine protection des maisons religieuses,
étaient par la suite des temps devenues de
lourdes charges. Aussi grande fut la surprise
de Buchinger quand, la visite de Neubourg
à peine commencée, il vit arriver noble François Zipper d'Angenstein, conseiller de la
préfecture de Haguenau, exhibant un mandat
du prince d'Harcourt, gouverneur général
d'Alsace, lequel ne prétendait rien moins que
d'avoir le droit d'assister à la visite en qualité
de protecteur et d'avoué du monastère. Buchinger proteste énergiquement. Les vieux
titres que produit le conseiller haguenoïen ne
prouvent rien : depuis de longues années les

beau du saint il lit l'inscription suivante : « Anno 1102, pridie
idus februarii obiit vir sanctus Lutanus ducis scotiæ filius nomine
Killibaldi (et non Kittebaldi, comme dit Vautrey), cujus anima
requiescat in pace. »

1) Cette abbaye ne devait être rétablie qu'en 1673, l'année-
même de la mort de Buchinger. (*Als. sacra*, II, 390.)

2) *Alsatia sacra*, I, p. 369.

abbés de Lucelle ont fait la visite de Neubourg sans que la préfecture de Haguenau s'en inquiétât. En France et dans l'Empire, les abbayes cisterciennes jouissent à cet égard de toute liberté. Si le roi avait voulu modifier ce privilège, c'est à lui, Buchinger, conseiller au Conseil Souverain, qu'on en aurait fait part avant tout. Bref notre vaillant abbé raisonne si bien que Zipper s'en retourne comme il était venu, et que Buchinger peut achever, sans cet inopportun témoin, la visite commencée.

Pendant qu'il se trouvait encore à Haguenau, un courrier vint lui annoncer que l'abbesse de Lichtenthal était à l'agonie. Cette pauvre religieuse, sentant sans doute sa fin prochaine, avait écrit à Buchinger le 13 pour presser son arrivée. L'abbé de Lucelle ne devait plus la revoir ici-bas : elle mourut le 28. Buchinger se hâta de se rendre à Lichtenthal où le 31 il présida les obsèques solennelles de l'abbesse après avoir prononcé son éloge funèbre au chapitre. Il procéda ensuite à la visite canonique. Le 5, au service septennaire de l'abbesse assistent la princesse régente de Bade, le prince Hermann *senior* et ses deux fils, le prince Hermann *junior* et ses deux filles. Tous dînent au monastère avec Buchinger qui s'entretient avec eux de l'élection de la future abbesse. Cette élection a lieu le lendemain [1]) et le surlendemain. 9, les mêmes personnages assistent à la bénédiction de la nouvelle abbesse, Marie-Marguerite Loysin, d'Ensisheim, qui fait don à Buchinger d'une coupe d'argent de 8 onces.

Enfin un dernier monastère cistercien préoccupait toujours Buchinger : c'était Pairis, où il avait laissé une partie de son cœur, et dont la situation, sous son successeur, était loin d'être florissante. A tout moment, dans son *Diarium*, on trouve l'écho des difficultés matérielles et morales qui continuaient dans cette maison. Dom Olivier de Foulongue paraît n'avoir pas été à la hauteur de la situation. [2]) En vain Buchinger avertit-il l'abbé de S.-Urbain, qui devait faire la visite de Pairis, *de mi-*

1) Le *Diarium* de Buchinger donne de longs et intéressants détails sur cet évènement.

2) Il ne faut donc pas prendre au pied de la lettre l'éloge de Dom Olivier qui se trouve dans l'*Alsatia sacra*, I, p. 381. — On trouve l'écho des difficultés de l'administration de cet abbé dans le Registre des délibérations extraordinaires du magistrat de Colmar, année 1660, p. 105-108. (Arch. municipales).

seriis de cette maison. En vain promet-il d'em-
ployer, à en améliorer le sort, son influence
et son autorité de conseiller royal. Dom Olivier décline ces offres et va jusqu'à refuser de
recevoir Buchinger comme visiteur, par délé-
gation de l'abbé de S.-Urbain empêché. Nous
ne savons comment s'arrangèrent les choses,
et si Buchinger devait avoir la consolation de
voir un jour en meilleur état cette chère maison
de Pairis, où il avait dépensé les premières
ardeurs de sa jeunesse.

Hors de sa famille cistercienne Buchinger
trouva encore un aliment pour son activité. En
1654, tout jeune abbé de Pairis, il avait été
nommé, *ex delegatione apostolica*, visiteur du
monastère voisin d'Alspach. Nous avons ra-
conté ailleurs [1]) qu'à cette date les religieuses
de cette abbaye de Clarisses-Urbanistes, chas-
sées de leur antique monastère par les guerres
de l'époque, n'avaient pu encore en reprendre
possession et restaient réfugiées dans leur maison de Kaysersberg, [2]) sans pouvoir y garder

1) Cfr. *Mère Pacifique*, p. 102.
2) C'était, d'achat ou d'emprunt, celle que l'ordre teutonique
possédait dans cette ville.

la clôture monastique. A l'annonce de l'arrivée à Colmar de leur visiteur, l'abbesse, qui était alors la Mère Euphrasie Eschbach, d'Ensisheim, [1]), vint aussitôt, accompagnée d'une de ses sœurs, lui présenter ses hommages, le 21 juillet 1655. Buchinger les retient à dîner, et convient avec elles qu'il les visitera quelques jours après. Le 31 suivant en effet, Buchinger arrivait à Kaysersberg, et le lendemain présidait, dans l'église de la maison teutonique, la profession solennelle d'une sœur, après un sermon du P. Nathanael, capucin. Un dîner réunit tous les assistants de la cérémonie, parmi lesquels Buchinger a soin de mentionner le prévôt impérial Barth et son neveu chapelain du prince-évêque de Bâle. Buchinger, à ce moment, paraît avoir été au mieux avec les religieuses, qui avaient su du reste gagner ses bonnes grâces en lui faisant un important don de livres. Bientôt cependant, témoin d'irrégularités dans leur conduite,[2]) et ne réussissant pas sans doute à les réformer, il fit des dé-

1) *Alsatia sacra*, II, 365.
2) *Propter divagationem, garulitates et alios graves defectus*, dit Buchinger.

marches, au mois de novembre de cette même
année, pour être exonéré de sa charge de visiteur. Le nonce de Lucerne, à qui le gardien
des capucins de Brisach avait présenté cette
requête de Buchinger, ne crut pas devoir accepter la démission de notre abbé, qui consentit
à la reprendre, car nous le retrouvons en visite
chez ces religieuses dès le mois de février de
l'année suivante, puis au mois de mai. En
1657 c'est en juillet seulement, qu'après sa
cure de Soulzbach, il peut les visiter. Il donne,
à cette occasion, à deux sœurs de la maison,
des lettres démissoriales les autorisant à sortir
de la maison pour aller mendier *pro monasterio restaurendo*; permission qu'il leur renou-
velle l'année suivante. Ces pauvres religieuses
devaient cependant rester encore dans leur
situation précaire jusque vers la fin du siècle
et ne rentrer à Alspach que sous le gouvernement réparateur de la Mère Pacifique.[1]) En
décembre 1658, nous voyons Buchinger écrire
à l'abbesse de venir le trouver à Ensisheim, à
propos d'un procès de sa maison. A cette

---

1) C'est en 1692 que la Mère Pacifique était devenue abbesse
d'Alspach.

occasion il la charge de lui apporter une chronique d'Alsace[1]) que devait lui remettre en
passant le receveur de Lucelle à Kienzheim.
En avril 1659 il est de nouveau chez ces religieuses et va avec elles examiner les ruines
d'Alspach pour convenir de leur restauration.
De plus en plus absorbé par les diverses
charges qui, avec les années, s'accumulaient
sur ses épaules, souvent malade, Buchinger
put de moins en moins s'occuper d'Alspach,
et trois années après il renonçait définitivement à sa charge de visiteur de ce monastère
pour être remplacé par l'abbé d'Ebersmünster.

Les Tiercelines d'Ensisheim[2]) paraissent
aussi avoir été, quelque temps du moins, sous
la direction de Buchinger que ses occupations
appelaient à tout moment dans cette ville.
Peut-être cependant ne furent-ce que des relations d'affaires, Lucelle possédant à Ensisheim
une maison, avec une chapelle[3]), qui était

1) Quelle était cette chronique? Le *Diarium* où il est dit
seulement : *Chronicon Germ. Alsat. a mayero nostro in Kiensheim recipiendum*, ne permet pas de le conjecturer.

2) *Alsatia sacra*, II, 377.

3) Où était établie une confrérie de sainte Sophie qui fut plus
tard transférée à la paroisse. (A. H. A., f. de Lucelle, 55, 3.)

limitrophe de celle de ces religieuses et que Buchinger finit par leur vendre.

Buchinger, nous l'avons vu, avaient les meilleures relations avec les Jésuites. De même avec les enfants de saint François, en particulier ceux de Delémont où il assiste à toutes les fêtes. Nous avons vu aussi qu'il était lié d'amitié avec les Dominicains de Colmar. Tous, comme aussi les membres du clergé séculier, tenaient à être en bons termes avec lui et voulaient prétendre à l'honneur de l'amitié de cet homme si éminent par les qualités du cœur et de l'esprit.

Chapitre V.

1656-1660.

La situation de Munster à cette époque. — Compétition pour la crosse de cette abbaye. — Buchinger intervient pour Dom Marchand. — Installation de ce dernier. — Sa bénédiction et son entrée solennelle à Munster et à Turckheim.

De toutes les maisons religieuses d'Alsace, en dehors de celles de l'ordre de Cîteaux, celle dont Buchinger eut, durant ces années 1655-60, le plus à s'occuper, fut la célèbre abbaye bénédictine de Munster, au Val-St.-Grégoire[1]). La situation de cette abbaye était à ce moment fort précaire, car à la mort de l'abbé Henri de Stuben, arrivée en 1653, le gouverneur d'Alsace, Mgr d'Harcourt, en sa qualité d'avoué de Munster que lui donnait son titre de landvogt d'Alsace, avait prétendu donner l'abbaye en commande à son fils Alphonse Louis de Lorraine, déjà abbé de Royaumont. A cette nouvelle les religieux de

1) Le *Diarium* mentionne aussi quelques relations de Buchinger avec Murbach.

Munster s'étaient empressés d'élire canoniquement un profès de l'abbaye d'Ochsenhausen [1]),
le R. P. Alphonse Kleinhans. De là des difficultés et des compétitions qùi devaient durer
des années, car l'abbé élu déclarait généreu-
sement « qu'il endurerait plutôt la mort que de
résigner en faveur d'un commandataire » [2]). Le
prince d'Harcourt trouva une résistance aussi
absolue auprès du Pape et de l'évêque de
Bâle. C'est alors qu'il s'adressa à Buchinger
dont il avait éprouvé en maintes circonstances
déjà l'habileté dans les négociations, pour faire
réussir un nouveau projet. Il s'agissait cette
fois non plus de son fils, mais de son aumônier [3]), Dom Charles Marchand, religieux de
St.-Benoît et profès de l'abbaye de St.-Ger-
main-des-Prés de Paris. Ce religieux avait déjà
été nommé, grâce à l'influence sans doute du
prince d'Harcourt, prieur de la Madeleine [4])

---

1) De la congrégation de Souabe, à laquelle Munster était
uni depuis quelque temps.

2) Cfr. plusieurs belles lettres de cet abbé aux A. H. A. f.
de Munster, liasse 22.

3) Il avait aussi le titre de conseiller et aumônier du roi.

4) La Madeleine près S. Nicolas-des-Bois (*Alsatia Sacra*, I,
p. 285).

et prévôt d'Enschingen [1]) et d'Istein [2]). Muni des lettres du prince, Buchinger se rendit le 9 mai 1656 auprès de l'évêque de Bâle. Kleinhans, nommé dans l'intervalle abbé d'Alpirsbach, avait donné sa démission en faveur du nouveau candidat. Buchinger eut plein succès dans sa négociation, et le 2 juillet suivant il pouvait écrire à Dom Marchand qu'il aurait à prendre possession de l'abbaye de Munster aussitôt la confirmation de l'évêque de Bâle accordée. Puis, six jours après, il lui écrivait de venir le trouver à Lœwenbourg pour aller ensemble à Porrentruy. Le 25, Dom Marchand, accompagné du Dr Bassand, procureur général du roi en Alsace, arrive en effet à Lœwenbourg, et le lendemain ils vont avec Buchinger trouver l'évêque qui fixe la cérémonie de confirmation au 11 août et charge l'abbé de Lucelle de préparer les pièces.

Le 8, Marchand, qui dans l'intervalle était

---

1) *Alsatia Sacra*, I, p. 315. Les Jésuites d'Ensisheim avaient obtenu union à leur collège de ce prieuré, comme de celui de la Madeleine.

2) Ancien prieuré de la principauté de Bâle, disparu depuis longtemps à cette époque. Marchand paraît avoir eu ces bénéfices en commande, ou par droit de *postliminium*.

allé dans sa prévôté d'Enschingen, revient à Lœwenbourg, pour y prendre Buchinger et aller à Porrentruy. Le 11, introduit auprès de l'évêque, dans la chapelle de son château, il se met à genoux et fait à haute voix sa profession de foi et son serment de fidélité [1]) sur le livre des Saints Evangiles, en présence du chanoine-écolâtre de Liebenfels [2]) et des chanceliers Schöttlin, aîné et cadet. Le prince-évêque lui accorde aussitôt sa confirmation d'abbé de Munster. Le vicaire général Florian Rieden [3]), prévôt de Colmar, et le doyen de la même collégiale [4]) G. Schnorpf, sont chargés d'installer le nouvel abbé au nom de l'évêque, de concert avec notre Buchinger et le Dr Bassand [5]), ces derniers commissaires du prince d'Harcourt.

Après le dîner les deux abbés partent ensemble pour Colmar où ils arrivent le 12, à 3 heures, et d'où ils repartent le lendemain

---

[1]) Le texte de ce serment, rédigé par Buchinger, se trouve aux A. H. A. Lucelle, 160, 11.

[2]) Et non *Lichtenfels*, comme a lu Vautrey.

[3]) Et non *Ruedin* (Vautrey).

[4]) On sait quels antiques liens unissaient Munster à Saint-Martin de Colmar.

[5]) Et non *Bossom*, comme dit Vautrey.

:après avoir célébré la messe chez les Dominicains et dîné à la cour de Munster. On arrive
dans cette dernière localité à 6 heures.

Le lundi 14 août a lieu la cérémonie solennelle de l'installation du nouvel abbé. A 9
heures les cloches appellent au monastère. On
conduit processionnellement Ch. Marchand à
l'église où il prend possession de la stalle abbatiale. On lui remet la règle de S. Benoît, les
sceaux et les clefs du monastère. L'abbé, en
s'asseyant dans sa stalle, prononce ces paroles
de la sainte Ecriture : *Haec requies mea in sae-
culum saeculi ; hic habitabo, quoniam elegi eam.*
Ensuite les profès de la maison, — ils n'é-
taient plus que deux ! — viennent s'agenouil-
ler devant lui et lui promettre obéissance en
disant : *Ego N. promitto tibi obedientiam
secundum regulam S. Benedicti usque ad mor-
tem,* et l'abbé leur donne le baiser de paix
avec ces paroles : *Det tibi Deus vitam æter-
nam. Amen.* Ces deux religieux étaient Benoît
Reuner *ab Almandingen* doyen, et Grégoire
Vöhlin baron *ab Illerdis.*

Après cette cérémonie on se rend à l'*a-
trium* où le Dr Bassand, au nom du prince

d'Harcourt, reconnaît Marchand comme abbé de Munster. On retourne ensuite à l'église où Buchinger célèbre pontificalement la messe du St.-Esprit.

L'office terminé, tous les assistants présentent leurs félicitations au nouvel abbé, et un dîner les réunit à la table du prélat qui y occupe la place d'honneur. Il a à sa droite le vicaire général représentant de l'évèque ; à sa gauche Buchinger. A côté de Rieden se met le procureur général Bassand ; à côté de Buchinger, le prieur de Marbach, à la place qu'aurait dû occuper le doyen de Colmar que son état de santé empêche d'assister au dîner. Sont également de la fête, Jean Joner [1]) choisi comme notaire, les curés de Wihr et de Turckheim et quelques autres personnes.

Les abbés retournent le soir même à Colmar où le lendemain, fête de l'Assomption, ils officient dans l'église de St.-Martin. Le 16 l'abbé de Pairis et M. Dulys viennent féliciter le nouveau prélat dont Buchinger prend congé, après en avoir reçu en cadeau une horlo-

1) Le futur stettmeistre de Colmar et l'auteur d'une chronique qui a été publiée.

ge : *accepto munusculo horologii elegantis crystallo inclusi.*

La fête de saint Bernard qui s'approchait le pressait de rentrer auprès de ses religieux. Notons que cette fois Dom Olivier de Foulongue, l'abbé de Pairis, fut parmi les invités [1].

Restait à bénir l'abbé Marchand. Buchinger, continuant son rôle de négociateur, écrit à ce sujet à l'évêque de Bâle, le 1er novembre, et lui propose le jour prochain de la fête de la Présentation de la Vierge. La cérémonie se fit au jour désigné : le prélat consécrateur fut Mgr Henrici l'évêque suffragant, (Mgr de Schœnau gravement malade devait mourir quelques jours après [2] assisté des abbés de Maria-Stein et de Lucelle [3].

1) Quelques jours après, le 30 avril, Buchinger devait assister à la translation solennelle à Maria-Stein des corps des SS. Vital et Marcel. Y furent aussi présents l'évêque de Bâle et sa cour, le prévôt et deux chanoines de Soleure, les préfets des localités voisines, une trentaine de curés, des religieux de Wettingen, des franciscains, des capucins et une foule énorme. Après le dîner une représentation théâtrale donna la vie et le martyr des susdits Saints.

2) Le 30 novembre. — Le 16 décembre suivant à Delémont, Buchinger assista, en qualité de premier scrutateur, à l'élection de son successeur, Conrad de Roggenbach.

3) L'original des lettres de consécration se trouve aux A. H. A. f. de Munster, 44, liasse 23.

Une année entière devait s'écouler avant
l'entrée solennelle de Marchand dans les ter-
res dépendantes de son abbaye. Buchinger est
invité le 19 octobre 1657 à s'y trouver, toujours en qualité de représentant. du prince
d'Harcourt, avec le Dr Bassand qu'il trouve
à Colmar le 4 novembre et qu'il prend avec
lui pour aller à Munster le 5. Dès leur arrivée
une petite difficulté de préséance surgit entre
eux, commissaires du prince d'Harcourt, et
les deux commissaires épiscopaux, Fl. Rieden,
que nous connaissons déjà, et Mar. Seckler
curé de Ribeauvillé. Comme on le pense
bien, cette difficulté est bientôt assoupie et
l'on convient de se partager le premier rang :
à Munster les représentants de l'évêque l'oc-
cuperont, mais à Turckheim ils cèderont le
pas à Buchinger et à Bassand.

Le 6 [1]) la cérémonie commence par l'office pontifical que célèbre Dom Marchand et
pendant lequel, au lieu de la mitre, il porte,
en vertu d'un antique usage [2]), la couronne du
roi Dagobert.

1) Et non le 5, comme dit Vautrey.
2) Cfr. ma brochure sur *l'abbaye de Munster*, p. 6, et la
planche 5 de ce même opuscule.

La messe terminée, on monte à cheval
et on se rend, entre deux haies de bourgcois
de Munster et d'habitants de la vallée en
armes, à la chapelle [1]) où, descendu de sa
monture, l'abbé se revet des habits pontificaux
et debout, mitre en tête et une grande croix
d'argent en mains, il prête le serment ordi-
naire [2]) à la ville et à la vallée, serment que
lit l'*archigrammateus* de Munster avant de le
remettre au vicaire-général. Ceci fait, ie premier bourgmestre remet les clefs de la ville à
Marchand, qui s'avance sous un dais, avec ses
acolythes portant crosse, couronne de Dagobert, encensoir... etc...

Immédiatement suivent à cheval le vicaire
général, Buchinger, Bassand et les autres. On
se dirige vers l'église au son des cloches et
au bruit de bombardes, pour y chanter le *Te
Deum*. Puis on se rend sur la place publique
de Munster où les consuls et les bourgeois prê-
tent hommage au nouvel abbé en levant le
doigt, et lui adressent leurs félicitations.

1) Où était située cette chapelle? Je ne pense pas qu'il
puisse être question de Schweinsbach où la tradition place le
premier établissement des moines de Munster.

2) D'après la fameuse transaction de 1339. (D. CALMET,
p. 114.)

Le lendemain 7, cérémonie analogue à Turckheim. Après la messe l'abbé monte sur la table de pierre et prête serment de respecter les privilèges de la ville. Puis, à la maison commune, il reçoit à son tour l'hommage du magistrat. Mais Buchinger, subitement indisposé, n'assistait pas à la cérémonie à laquelle le remplaça son *socius*.

Le 8 on retourne à Munster où l'abbé offre à Buchinger un coupe d'argent doré *in forma uvæ*, fabriqué par un certain Bellené. Notre abbé, retardé par une inondation qui le bloque à Lutterbach, revoie enfin ses pénates, sain et sauf, le 17 novembre [1]).

1) Pour toute cette affaire de l'élection de Marchand, cfr. aux A. H. A., f. de Munster, le carton 44.

Chapitre VI.

1655-1659.

Nous avons vu, soit à propos de Pairis,
soit à propos de Lucelle, de Munster, d'Alspach et de toutes les autres maisons religieuses dont nous avons parlé, dans quel. triste
état Buchinger les avait trouvées lorsque la
divine Providence donna à l'Eglise d'Alsace
cet infatigable restaurateur. Une chose digne
de remarque, et qu'il nous reste à mettre en
lumière pour achever d'esquisser cette intéressante figure, c'est que Buchinger paraît
avoir compris tout de suite qu'il était meilleur,
pour le bien de l'Alsace et pour y ramener la
paix et la sécurité, de se rallier franchement
et sans hésitation aux nouveaux maîtres du
pays. Bien qu'agitée encore par les troubles
de la Fronde pendant la minorité de Louis
XIV, la France, Buchinger le pressentit, était
le pouvoir fort et persévérant qui allait, en

Alsace, mettre fin à l'anarchie qui troublait
notre pauvre pays. Ce sera dans l'histoire,
pour l'abbé de Lucelle, un honneur que personne ne lui contestera.

Les relations de Buchinger avec la France
datent, nous l'avons dit, de sa nomination
comme abbé de Maulbronn-Pairis en 1642,
et c'est grâce à cet appui qu'il avait pu rentrer en possession de Pairis et en entrepren-
dre la restauration. Dès son arrivée en Alsace,
(1649) en qualité de « gouverneur et lieutenant général pour sa Majesté en la Haute et
Basse-Alsace » le prince d'Harcourt était entré
en relations avec Buchinger. Henri de Lorraine était aussi grand bailli de Haguenau et
c'est à ce titre, qui lui donnait, prétendait-il
du moins, le droit d'advocatie sur l'abbaye de
Neubourg que commencent ses rapports avec
notre abbé. On a vu plus haut que Buchinger
sut maintenir les droits et privilèges de son
ordre en face des prétentions de ce puissant
seigneur [1]). Leurs bonnes relations n'en souf-

1) Notons encore ici les relations qu'eut plus tard Buchinger
avec le duc de Mazarin lors de l'election d'un coadjuteur de
l'abbé de Neubourg, en 1665. (A. H. A. Conseil Souverain, H.
3, liasse *a*.)

frirent pas du reste, et à divers reprises, notamment, on s'en souvient, lors de l'affaire du
choix d'un abbé de Munster, le prince d'Harcourt eut en Buchinger l'auxiliaire le plus
actif et le plus dévoué.

Buchinger était [1]), on l'a dit plus haut,
président de l'Assemblée des prélats. Cette
assemblée, dont l'origine, l'organisation et le
fonctionnement sont peu connus, paraît avoir
été comme l'intermédiaire, pour la Haute-Alsace du moins [2]), et spécialement en matière
de finances, entre l'administration supérieure
du pays et les divers corps ecclésiastiques qui
s'y trouvaient. Dès la première réunion que
Buchinger préside, le 29 novembre 1655, il
fait décider d'entrer en relations avec le cardinal Mazarin [3]) pour lui recommander la conservation des anciens privilèges des maisons
religieuses d'Alsace. L'assemblée des prélats

1) Comme abbé de Lucelle. Nous voyons son prédécesseur
déjà remplir ces fonctions. (A. H. A., Lucelle, 23/2).

2) Et encore en partie seulement. Nous ne voyons jamais à
ce *PrælatenStand* de représentants de Murbach, de Munster,
... &...

3) Déjà le 20 septembre auparavant nous voyons Buchinger,
à la nouvelle de la mort de l'intendant M. de Baussan, écrire
à Mazarin pour le prier de recommander Lucelle et Pairis à la
bienveillance du nouvel intendant qui serait nommé.

avait à ce moment, et depuis 1652, un procureur général auprès de la cour de France, qui était Christophe Hordal, ou d'Ordal comme il signe, chanoine de St.-Dié et frère de l'abbé Dulys que nos lecteurs n'ont point oublié. Ce procureur paraît s'être activement employé pour ceux qui l'avaient choisi pour les représenter [1]). Aussi Mazarin ne tardait-il pas à assurer Buchinger, et l'assemblée, de toute sa bienveillance. Voici en quels termes il lui répondait, le 11 mars 1656 :

Monsieur

Je n'ai pas besoin de beaucoup de sollicitations pour m'obliger à appuyer en ce que je pourrai les intérêts de l'Alsace. J'y suis assez porté par moi-même. Mais quand cela ne serait point, la considération du clergé de cette province et la vôtre particulière qui avez eu charge de m'en écrire, suffiraient pour me donner ce sentiment. Assurez-vous donc que je n'omettrai rien de ce qui dépendra de moi pour le soulagement et le bien de la dite province, et pour vous témoigner encore à vous

---

1) Il y a plusieurs intéressants documents sur ce personnage dans les A. H. A, Lucelle, 23/2.

même que je suis très véritablement, Monsieur,

Votre très affectionné à vous faire service

Le cardinal Mazarin [1]).

Dès l'arrivée en Alsace du nouvel intendant, Ch. Colbert de Croissy, Buchinger était allé le saluer, accompagné de M. Dulys, et bien que dès ce début notre abbé ait dû, en une certaine manière, au sujet de la nomination du nouvel abbé de Pairis [2]), lui tenir tête, le jeune administrateur ne lui en sût pas mauvais gré et dut comprendre au contraire qu'avec un homme de cette trempe il serait facile de s'entendre pour le bien du pays.

En septembre de la même année 1656, nouvelle réunion, au collège des Jésuites d'Ensisheim, de l'Assemblée des prélats. Y assistent outre Buchinger, l'abbé Dulys, le recteur de Masevaux, le prévôt de Thann, le précepteur d'Isenheim et le supérieur des Jésuites [3]). La réunion terminée, Buchinger, Dulys et le syndic du Prælatenstand qui avait nom Gei-

1) Lettre originale, id. ib.
2) Cfr. page 32.
3) A cause de l'union aux Jésuites d'Ensisheim de plusieurs anciens prieurés monastiques.

ger, se rendent à Brisach saluer Colbert. Celui-ci l'invite à dîner avec Dulys le 27.

La réunion suivante n'eut lieu qu'en janvier 1658. Plus nombreuse cette fois, elle comprenait, outre les mêmes personnes, les supérieurs d'Œlenberg et de St.-Morand, un bénédictin d'Enschingen, l'économe de Marbach [1]), le procureur de l'abbaye d'Ottmarsheim, le P. Jean de Thierbach, et l'économe de la commanderie de Rixheim. Entr'autres sujets de délibérations, il est question des mesures à prendre à l'égard des maisons qui n'auront pas versé leur contribution, et l'on convint aussi d'une *strictiore confederatione status*.

Il n'était pas inutile de prendre ces mesures. Quelques mois s'étaient à peine écoulés que l'intendant écrivait [2]), le 1er mai [3]), à Buchinger pour demander à l'Assemblée des prélats une contribution de 2000 écus pour le paiement des troupes du Roi. Buchinger aussi-

---

[1]) Déjà à l'assemblée précédente, Marbach avait envoyé un délégué. Cfr. CH. HOFFMANN, *L'abbaye de Marbach*, p. 73.

[2]) La lettre est aux A. H. A., Lucelle, 23/2, avec le brouillon de la réponse de Buchinger.

[3]) La lettre arriva à Buchinger à Lœwenbourg le 5.

tôt convoque ses collègues pour le 11 du même mois, et sur sa proposition on répond à Colbert par un refus motivé en des termes qu'il est intéressant de reproduire :

« Propositione a me facta et auditis singulorum sententiis conclusum est per D. du Lys et D. Syndicum D. Intendenti exponi debere :

1° Quod alii duo status nobilium et civitatum nil contribuant de suis redditibus vel emolumentis, sed solum illorum subditi. Idipsum etiam subditus status nostri præstare quamvis in parvo numero sint.

2° Nunquam moris fuisse ut contributiones ab uno tantum statu separatim exposcerentur, sed ab omnibus simul.

3° Quod per nostros colonos et censitas contributiones demus maximas, eo quod propter tales quas ipsi rustici dant, nobis nostros census et redditus detineant.

4° Summam plerorumque egestatem ob oculos ponendam, ad quam recognoscendam omnes se ad pricissimas (præcissimas) reddituum suorum rationes dandas offerrent. »

Je n'ai pas trouvé trace de l'issue de cette affaire [1]) que Buchinger put traiter de vive voix avec l'intendant qu'il devait désormais constamment rencontrer à Ensisheim, où les appelait l'un et l'autre les réunions du conseil souverain, dont Buchinger avait été appelé à faire partie.

Dès avril 1656 et avant même la notification officielle de la nouvelle institution [2]), nous voyons Buchinger, à la nouvelle qu'on devait nommer parmi les membres du conseil souverain « un des abbés qui sont sous l'obéissance du Roi » [3]), écrire au prince d'Harcourt pour que le choix de la cour tombe sous lui. Quelques jours après, dans une entrevue à Ensisheim, la question fut sans doute débattue. Buchinger avait tous les titres à ces honorables fonctions, et en effet, le 23 janvier 1658, à l'issue de la Diète des prélats, l'intendant Colbert, premier président de la nouvelle cour,

---

[1]) Je ne sais pas non plus si Buchinger réunit encore sous sa présidence le *Prælatenstand*, ni quand cette institution cessa de fonctionner.

[2]) Qui n'eut lieu que par l'édit de septembre 1657 changeant la chambre royale de Brisach (laquelle avait remplacé la Régence d'Ensisheim) en un *conseil souverain* exclusivement chargé de l'application des lois.

[3]) *Mémoire de Colbert de Croissy*, p. 187.

venait en personne notifier à Buchinger sa nomination de premier conseiller. Parmi les félicitations qui furent adressées de tous côtés à notre abbé, notons celle du sénat de Soleure. [1]

Ce titre de conseiller n'était pas, comme nous verrons qu'il le devint plus tard, purement honorifique. C'étaient de véritables fonctions que Buchinger allait être appelé à remplir et qui allaient s'ajouter à la surcharge d'occupations qui pesait déjà sur ses vaillantes épaules. Dès le 13 mai 1658 il est convoqué à Ensisheim, où, avant même l'installation officielle du Conseil, le président Colbert réunit, à l'auberge du Lion, outre Buchinger, le conseiller Gallinger, l'avocat général Bassand et le secrétaire Klinglin, pour juger d'une affaire qui concernait les abbayes de Murbach-Lure. [2] En juillet suivant nouvelle réunion de nos quelques conseillers pour débattre quelques questions pendantes avec l'évêque de Bâle. [3]

---

[1] *Diarium.*

[2] Le *Diarium* contient quelques intéressants détails à ce sujet. — Buchinger nous y dit aussi qu'il occupa au conseil la première place après le président.

[3] Voici ce que le *Diarium* rapporte à ce sujet :

4 juillet 1658. Convenimus in domo senatoria Ensish. ex parte Illmi. Princ. Basil. D. vicar. generalis Florian. Rieden, SS. Th.

Mais l'organisation définitive et l'installation solennelle du Conseil souverain ne devait
avoir lieu que vers la fin de cette année 1658.
Buchinger, après avoir pris quelques disposi-
tions à cet effet, — il se munit notamment
auprès de l'évêque de Bâle de l'autorisation
d'officier pontificalement le jour de l'inaugu-

doct., praepos. Colm. D. Casp. Schnorp, Offic. Can. Colm. SS.
Th. D., D. Henric. Hennet not. consist. Basil. Ex parte reg.
Brisac., ego, D. Doct. Bassand, D. Gallinger, D. praef. ex Landser.

Proposuere DD. Deputati episcopales :

1º *Qualiter testes in causis apud consistor. dependentibus sint
examinandi.* Conclus. ut commisar. consistorii praefectum loci in
quo testes, prius ex parte consistorii citati, examinandi sunt, re-
quirat, pro eis convocandis, illisque articulos exhibeat et super
eis illis juramentum deferri faciat, ita ut super nulla alia se
respondere teneantur. Postmodo praefectus recedat et commissarius
testes examinare permittat.

2º *A quo judice percussores clericorum, si laici sint, puniri
debeant.* Conclus.:

Si percussor clerici sit laicus, coram magistratu sæculari con-
veniri debet, noxius repertus punitur ab eodem magistratu, deinde
cum processu ad episcopum mittitur pro petenda absolutione a
quo pro criminis circumstantis, spirituali pœna vel etiam pecu-
niaria puniri adhuc potest. Si laïcus autem contra clericum actionem habeat, illam apud consistorium intentare debet.

3º *Utrum magistratus sæcul. actionem pecuniar. admittere
possit vel ad se trahere.* Conclus. Omnes actiones decimales tam
in petitor. quam possessorio ad judicem ecclesiasticum spectare,
juxta tenor. concordator. de ann. 1620 inter archid. Leop. et
episc. Wilhelm.

4º Ut in visitat. parochial. etiam sæcularis magistratus requi-
ratur pro assistent. et executione eorum quæ statuta fuerint a
visitatoribus. Utrumque conclusum et admissum.

5º Ut parochi rationibus Ecclesiarum intersint et mulcta a
violatoribus præceptorum Eccl. ad pias causas juxta concordata
applicentur... &...

ration du Conseil, — se mit en route le 28 octobre, accompagné du P. Pierre Tanner. [1]) Arrivé le surlendemain à Ensisheim, l'abbé de Lucelle y trouve ses nouveaux collègues: M. de Bossuet [2]), comme il dit, et M. Favier [3]). Puis après s'être concerté avec l'intendant-président pour l'organisation de l'installation solennelle, fixée au 4 novembre [4]), il retourne passer quelques jours à Lutterbach. Le 2, Buchinger revient à Ensisheim, et examine avec ses collègues et le président les préparatifs faits pour la fête dans l'église paroissiale. Le 3 arrivent les représentants de tous les états de la province [5]). Le lende-

1) Qui avait la veille célébré sa première messe à Lucelle où, note Buchinger, pareille cérémonie n'avait plus eu lieu depuis 1631.

2) Le père de l'immortel évêque. — Il nous est agréable de supposer qu'à cette occasion, ou plus tard à Metz, notre Buchinger put entrevoir celui qui devait être un jour la plus pure gloire de l'église de France.

3) Maître des requêtes et lieutenant au bailliage de Toul. Il y avait en outre comme conseiller, un membre de la noblesse d'Alsace, le baron d'Andlau.

4) Qui est bien la vraie date et non celles du 14 et du 24 qui sont quelquefois données. Cfr. *Revue d'Alsace*, 1900.

5) Voici à ce propos la curieuse note du prieur de Marbach dans ses *Notanda* (p. 148.) :

Im november als man den hohen fransösischen Rath in Ensisheimb mit grosser solemnität stabiliren wollte, ist der herr prior von ihro Excellenz h. President Colbert auf solchem actum

main à 8 heures commença la cérémonie. Le
conseil se rendit en corps à l'église où à l'entrée, Buchinger, revêtu des habits pontificaux,
le harangua [1]). Il dit « en substance qu'entre
tous les ordres de la province celui de l'Eglise,
qui était le premier, se sentait aussi obligé
de commencer à donner des marques de joie
pour le bonheur qu'il se promettait de l'établissement du Conseil souverain envoyé par
le roi pour le bien public et l'administration
de la justice; que l'état ecclésiastique ayant
toujours particulièrement été chéri de nos
Rois, n'aurait rien en plus forte recommendation que la conservation des droits de
l'Eglise en particulier et de tous les autres or-

schriftlich eingeladen, weswegen, und wie er sich hirin unverfänglich zu verhalten gedachten Schafner auf Zabern geschickt
und mundlich befelch zuruckh gebracht deme der h. Prior nachkommen weis sich aber schier nit in diese Sach weislich genug
zu schicken und gleichsam zwei herren mit satisfaction zu dienen
die Zeiten können nächst Gott viel verändern. (A. H. A., f. de
Marbach, 12.) — Il faut se souvenir que Marbach, situé dans
l'Ober-Mundat, considérait toujours l'évêque de Strasbourg comme
son seigneur, et que les traités n'avaient porté aucune atteinte
aux droits des seigneurs immédiats.

1) On trouvera en appendice la relation détaillée de la cérémonie extraite du *Diarium* de Buchinger. Nous donnons ici
ce que nous trouvons en plus dans les *Ordonnances d'Alsace* I,
p. 5, au procès-verbal officiel. Cfr. aussi PILLOT ET DE NEYREMAND, *Histoire du Conseil Souverain d'Alsace*, et LE ROY DE
SAINTR-CROIX, *L'Alsace en fête*, p. 176 et seq...

dres en général; et qu'encore que les peuples
de la province n'aient pas l'avantage d'être
les premiers en date entre les sujets du roi, ils
s'efforceraient néanmoins d'égaler et de de-
vancer les plus anciens en zèle, fidélité et affection pour son service. »

A quoi Colbert répondit, en français cette
fois (Buchinger avait parlé latin) « que le Conseil se sentait obligé de la civilité qu'il avait
reçue de la part de l'ordre ecclésiastique de
la province d'Alsace, par la bouche d'une
personne *qui y tenait un rang considérable et
par sa dignité et par un mérite qui n'était pas
commun* » [1]).

La solennité religieuse terminée on re-
tourna dans la grande salle de la maison de
la noblesse (*Ritterstandshaus*) où, après l'en-
registrement de l'édit d'érection du conseil, le
président Colbert, et après lui le procureur
général, déclarèrent Louis XIV en possession actuelle et puissance réelle de tous les
droits de l'empereur, de l'empire et de la
maison d'Autriche sur l'Alsace et en pronon-
cèrent l'incorporation à la couronne de France.

[1]) Nous soulignons ce bel éloge rendu à Buchinger par Colbert.

Après la cérémonie le président, sans vouloir écouter une protestation assez intempestive des députés des dix villes impériales, invita ses collègues et les assistants à le suivre au collège des Jésuites [1]) où un *splendide* et *royal* festin, dit Buchinger, leur fut servi.

Les jours suivants furent employés à organiser le conseil : président, conseillers, procureur... etc... prêtèrent le serment exigé. Le 7 ce fut le tour de notre abbé, après enquête sur sa vie, mœurs et foi. Notons que c'est le curé d'Ensisheim qui fut son témoin, ce même François Ganser que plus tard, *quantum mutatus!* [2]), le gouvernement français expulsa d'Alsace pour avoir, lors du retour des Impériaux à Ensisheim en 1675, manifesté maladroitement sa joie de les revoir [3]).

Ce même jour le Conseil tint séance pour expédier quelques affaires. Puis le 9, après avoir dîné avec le président, Buchinger en

---

1) Et non à son hôtel, comme disent Pillot et de Neyremand, p. 37.

2) Buchinger n'aurait évidemment point choisi Ganser comme témoin s'il n'avait été comme lui sincèrement rallié au nouveau régime.

3) *Mémoire de deux voyages et séjours en Alsace...* Mulhouse, 1886, p. 65.

obtint un congé de 15 jours pour s'en aller à Lucelle où il était de retour le 14.

Le 25 novembre Buchinger se remettait en route pour Ensisheim où, malgré la rigueur de la saison, il passait encore une grande partie du mois suivant. Aussi revint-il malade à Lœwenbourg, et, nous apprend-il dans son *Diarium*, à peine put-il célébrer une messe le jour de Noël. Le 1er de la nouvelle année (1659) il se lève *totus catharrosus*, comme il dit. Quelques jours après cependant il était assez bien, ou du moins s'écoutait-il assez peu, pour retourner déjà à son poste de conseiller. Mais un conflit de préséance l'empêcha de siéger : en l'absence de l'intendant, le procureur général, c'était Charles Colbert, voulut présider les cessions. Frédéric d'Andlau et Buchinger refusèrent « eo quod nobis præcedentiam competere crederemus. » A l'arrivée du président le 17, la difficulté lui fut soumise. Il en référa à la cour qui, nous apprennent les *Ordonnances d'Alsace* [1]) trancha la question en faveur du procureur général. Le conseil

1) I, 22.

souverain eut, cette fois, à s'occuper de la magnifique donation faite par le roi à Mazarin d'une grande partie de la Haute-Alsace [1]).

Au commencement de février, Buchinger reprit le chemin de sa demeure. Il n'était pas rétabli; aussi le mois suivant, le médecin lui interdit-il d'aller siéger à Ensisheim et Colbert lui écrivit-il de ne venir que lorsqu'il serait entièrement remis. Dès le 19 mars cependant il est à son poste de conseiller, ce qui l'empêche d'assister le 23 au sacre de l'évêque de Bâle. Pâques le ramène à Lucelle, mais dès le 21 avril il repartait pour Ensisheim. Entre cette séance et celle du mois suivant nous l'avons vu aller à Marbach, à Alspach, à Ollsperg, à Uberlingen pour le chapitre provincial de l'ordre, à Ferrette, à Porrentruy, d'où, après un court repos à Lœwenbourg, notre infatigable abbé retourne à Ensisheim le 26 [2]).

---

1) Le comté de Ferrette, les seigneuries de Belfort, Delle, Thann, Altkirch et Isenheim. Le cardinal était en même temps nommé gouverneur de l'Alsace et grand bailli de Haguenau.

2) Cette séance du 27 mai 1659 fut intéressante. Voici ce qu'en dit Buchinger dans son *Diarium : Decretum in concilio de procurand. salariis parochor. construct. Eccles et domor. paroch. renovationem et liquidationem censuum eccles. et paroch.*
Item de subditis et appellationibus non impediendis.

Il y est de nouveau le 12 juin, puis le 24 et le 3 juillet. Une saison à Soulzbach fait une heureuse diversion, mais dès le 1ᵉʳ septembre il est de nouveau à Ensisheim. Enfin le 22 commencent les *feriæ autumnales*, qui durent jusqu'au commencement de novembre. A cette date Buchinger reprend ses fonctions de conseiller. Une excursion à Cernay et à Thann pour les affaires de l'abbaye de Lucelle sépare cette séance de novembre de celle de décembre, où Buchinger siège de nouveau à Ensisheim du 1ᵉʳ au 20.

C'est la dernière séance dont il soit question dans le *Diarium*. Mais, sans nul doute, les années qui suivirent et pour lesquelles nous ne sommes pas renseignés, n'amenèrent-elles pas de changement dans les occupations judiciaires de Buchinger qu'il est merveilleux de voir ainsi mener tant de choses de front.

Comme l'on sait le conseil souverain d'Alsace fut un moment supprimé (de 1661 à 1679), pour être remplacé par un simple conseil provincial, relevant du parlement de Metz, auquel furent transportés le président, le procureur général et plusieurs conseillers, parmi lesquels

notre Buchinger[1]. Il dut donc à ce moment
s'éloigner davantage encore de sa chère abbaye de Lucelle : ce qui, pour les dernières
années de sa vie, allait encore lui apporter un
surcroît de fatigues et d'occupations.

---

[1] Nous l'apprenons par une pièce de 1666 (A. H. A., Lucelle, 55/3) où il signe conseiller *in supremo senatu Metensi*.

Chapitre VII.

1660-1673.

Le souci de toutes les affaires dont nous voyons que Buchinger fut chargé ne lui faisait pas oublier, comme on pourrait le croire, le soin matériel et moral de sa communauté. Il profitait, nous l'avons vu, de tous les moments libres que lui laissaient ses occupations extérieures, pour se jeter à cheval et courir à Lutterbach, à Blotzheim, à St.-Apollinaire, à Lucelle.

L'achèvement de la restauration de son abbaye et son embellissement l'occupait toujours : nous l'avons vu s'adresser de tous côtés pour orner de verrières son église[1]). En 1666

---

1) Il a aussi soin de l'enrichir de reliques : ainsi nous le voyons, le 9 mai 1658, aller à Schœnensteinbach y chercher une particule notable du corps de S. Adolphe que lui donne la prieure, du consentement du P. Adriani, vicaire général des dominicains.

il la fit blanchir intérieurement [1]). Deux années après l'autel nouveau y était placé. C'est aussi, on l'a dit plus haut, à cette époque que la construction de plusieurs bâtiments venait compléter l'abbaye.

La direction de ses moines était aussi l'objet constant de ses préoccupations. Son *Diarium* nous le montre présidant régulièrement les chapitres et y rappellant à tout moment l'observation des règles et de la discipline monastique. Quelques-uns de ses moines se relâchaient parfois quelque peu : il faut se souvenir qu'un certain nombre résidaient en dehors du monastère et étaient par conséquent exposés à oublier plus facilement ce que leur double état de prêtres et de religieux demandait d'eux [2]). Buchinger les reprend sans tarder. Au besoin il n'hésite pas à leur infliger les châtiments qu'ils pouvaient avoir mérités. Ainsi nous le voyons, le 8 août 1656, ordonner de mettre aux fers un certain frère Norbert

1) Revue-Mury, 1. p. 183.
2) Le malheur des temps était pour quelque chose aussi dans ce relâchement, comme l'observe HUGO (Sacr. antiquit. monum. II., p. 277) : *Disciplinam regularem quam temporum calamitas debilitarat*, dit-il, *ad Bernardi spiritum revocavit*.

qui, déjà emprisonné pour je ne sais quelle
faute, avait tenté de s'évader. Le 19 du même
cependant, comme le malheureux promettait
de s'amender, Buchinger à son retour à l'abbaye fait grâce à cet indiscipliné qui devait
encore plus tard donner des soucis à son abbé.
Un autre de ses religieux paraît avoir eu un
peu de peine à se plier à la discipline monastique, le frère Pierre Tanner, celui-là même
qui devait devenir un de ses successeurs.
Buchinger, plus père encore que supérieur,
juge qu'un changement d'air lui sera utile et
l'envoie passer deux ans à Dijon, où il pour-
voie à tous ses besoins, et d'où le jeune religieux revient en 1658, docile au point que
Buchinger le prend pour son chapelain-secré-
taire et son compagnon dans ses courses à
travers l'Alsace.

La santé de ses religieux était également
l'objet de la sollicitude constante du bon abbé.
Il n'oublie pas de leur faire appliquer périodi-
quement le grand remède de l'époque — celui
dont il use tant lui-même, — la saignée. L'un
deux, le P. Ignace, en s'en retournant le 22
août 1657 dans sa cure de Schlierbach, après

être venu célèbrer à Lucelle la St.-Bernard, tombe de cheval : aussitôt Buchinger envoie un de ses moines à son secours. Lorsque les cessions du Conseil souverain l'obligent à s'absenter plus fréquemment de Lucelle, il recommande bien au médecin d'être attentif à la santé des pères, tout en lui rappelant qu'il ne faut pas toujours croire aux malades et qu'il est bon d'être sobre de médecines; et au prieur de son abbaye il écrit (le 20 janvier 1659) pour lui recommander aussi *singulariter curam ægrorum.* Il savait, par sa propre expérience, quelle cruelle épreuve est souvent la maladie [1] : mais il la supportait vaillamment [2].

Le *Diarium* des dernières années de Buchinger n'a pas été retrouvé [3]. Voici quelques

1) Buchinger, on l'a déjà dit, était habituellement malade. Quand on tient compte de cet état, sa prodigieuse activité est vraiment inexplicable. Il fallait que ce moine eut une indomptable énergie.

2) Comme aussi le poids de ses si multiples fonctions et la préoccupation de tous les intérêts dont il était chargé. « *Vivit,* écrivait-il gaîment dans son *Épitome,* p. 224; *vivit si curae quibus innumeris obruitur, hominem felicem reddunt, felicissime.* »

3) Jusqu'à présent du moins. Mais il est probable que les archives de l'ancien évêché de Bâle, lorsqu'elles seront mieux connues, fourniront de nouveaux renseignements sur Buchinger.

rares évènements de cette période de sa vie
que nous avons glanés de ci de là.

Ses fonctions de conseiller et de président
de l'état ecclésiastique continuaient à absorber
une bonne partie de son temps. C'est à ce
double titre que nous le voyons, notamment
en 1664 [1]), s'enquérir du revenu exact des
églises et des chapelles de la seigneurie de
Ribeaupierre[2]).

Son abbaye restaurée matériellement et
moralement, il fit aussi « renouveler tous les
registres de rentes, s'appliquer à remettre en
bon état les biens du couvent, surtout les
vignes... de Cernay et ailleurs. » Pour qu'aucune des propriétés de la maison ne se perdit,
« il parcourut avec soin, continue l'annaliste à
qui nous empruntons ces détails [3]), tous les
titres et documents conservés aux archives.
Dans ce but il fit venir à Lœwenbourg un

---

1) A. H. A., seigneurie de Ribeaupierre, E. 648. Cette liasse
contient quelques lettres de Buchinger et de Colbert relatives à
cette affaire.

2) M. Reuss (*L'Alsace au* XVII° *siècle*, I, p. 500, note 4) voit
dans cette mesure « une véritable inquisition » C'était simplement
l'inquisition du percepteur chargé d'asseoir l'impôt.

3) Revue-Mury, I, p. 183. Lucelle possédait des biens ou des
dîmes dans plus de 80 localités d'Alsace, de Suisse et du Bris
gau. (Ib. 1867, p. 30.)

certain nombre de légistes et de greffiers dont il connaissait le mérite et dont plusieurs sont parvenus depuis à de hauts emplois. Dans ce nombre étaient M. Neef, depuis préfet d'Alt-kirch ; M. Ertlin, préfet de Brunstatt ; M. Klinglin, archichancelier à Ferrette ; M. Hazal, dont le fils devint préfet de Haguenau ; M. Schupfner, cellerier de Murbach ; M. Michel Oswald que l'abbé Buchinger avait amené de Maulbronn...» A cette liste ajoutons Jean Joner, le futur stettmeistre de Colmar : déjà en relations avec Buchinger, nous l'avons vu, à propos des Trois-Epis et de Munster, Joner demanda, le 24 août 1660, au magistrat de Colmar qui y consentit, qu'on lui réservât le droit de bourgeoisie pendant qu'il serait absent de Colmar pour remplir les fonctions de secrétaire du prélat de Lucelle [1]).

Rappelons aussi que Buchinger, qui avait au début de sa carrière occupé la charge de bibliothécaire de son abbaye, fut écrivain [2])

---

1) *Registre des délibérations extraordinaires du magistrat de Colmar*, Archives de Colmar. — M. Sée n'a pas mentionné ce détail dans sa notice biographique sur Joner qui précède (p. VIII) son édition de la chronique du stettmeister colmarien.

2) Et aussi un artiste : comme nous le verrons ses manuscrits sont illustrés de dessins de sa plume, ainsi que ses livres. Son

fécond et distingué [1]) : son *Epitome fastorum Lucellensium*, le principal de ses ouvrages qui soient parvenus jusqu'à nous et qu'il publia en 1667, est un très précieux recueil pour l'histoire de notre pays. Et pour sa propre biographie nous y avons puisé plus d'un renseignement intéressant.

Cette même année 1607, Buchinger s'était rendu au chapitre général de son ordre à Cîteaux [2]). Ce chapitre a une grande importance dans l'histoire des Cisterciens : c'est celui où le saint abbé de la Trappe, Rancé, soutenu par quinze abbés qui avaient déjà embrassé sa réforme, protesta contre un bref d'Alexandre VII obtenu contre lui par ceux qui ne voulaient point revenir aux observances primitives de Cîteaux [3]). Buchinger — qui avait été choisi comme définiteur par le chapitre — y déclara, avec l'abbé de Lilienfeld et *ceteri*

Diarium mentionne ses relations avec divers graveurs de son époque, entr'autres le strasbourgeois Pierre Aubry à qui il envoyait des dessins à graver, de même qu'à un orfèvre d'Olten. On y voit aussi que Buchinger était amateur de musique.

1) Nous consacrerons un appendice spécial à sa bibliographie.
2) Cfr. la *Descriptio itineris Cisterciensis quod . . . expedivit Fr. Jos. Meglingler*, dans MIGNE, *Pat. lat.*, t. CLXXXV, col. 1565 et seq.. ou la traduction de ce voyage que je cite plus bas.
3) DUBOIS, *Histoire de l'abbé de Rancé*, I, 337.

Germani (on n'a jamais aimé en Allemagne la vie bien austère) [1]) qu'il acceptait le bref du pape, tout en demandant des explications [2]). Malgré ces efforts des *mitigés*, on sait le magnifique essor qu'allait prendre la réforme de l'abbé de Rancé, et qu'aujourd'hui elle a groupé autour d'elle la plus grande partie des monastères cisterciens.

Enfin « épuisé par ses nombreux travaux et son grand âge » [3]), Buchinger songea au repos, *sibimet consuluit tranquilliori vivere vita* [4]). Il proposa à sa communauté de lui donner un coadjuteur avec future succession, et le 16 septembre 1671 [5]), en présence des

---

1) « Dans les monastères de France on ne peut nulle part manger à sa faim et boire à sa soif, » disait naïvement un autre cistercien allemand, le P. Burger, dont j'ai fait connaître l'itinéraire. (*Miscellanea alsatica*, II, 101).

2) Ces détails, extraits des Actes du chapitre, nous ont été communiqués par Dom Gregor Müller, le savant bibliothécaire de Mehrerau. — Au chapitre de 1672, il fut question de Lucelle et d'une affaire d'intérêts qu'avait le monastère avec quelques habitants de Soleure. Buchinger n'assista pas à ce chapitre, *ob graves causas*, le mauvais état de sa santé probablement. (Communication de Dom Gr. Müller).

3) *Revue-Mury*, I, 183.

4) Ibid., 182. Nous donnons en appendice III un des derniers actes de son administration : un accord avec l'évêque de Bâle au sujet des cures dépendantes de Lucelle.

5) Ib. 185. — Le P. Walch, *Miscellanea Luciscellensia*, donne la date du 17 novembre 1670.

commissaires du roi, le prieur de la maison, Dom Edmond Quiqueré, natif de Porrentruy, profès de Neustadt en Autriche, fut élu [1]).

Deux années après, à Lœwenbourg, le 6 janvier 1673, à 8 heures du soir, Bernardin Buchinger entrait dans l'éternel repos [2]), « après avoir sagement gouverné son abbaye pendant dix-neuf ans, dans la bonne et la mauvaise fortune » [3]). Ses restes mortels, transportés le

---

1) Dom Quiqueré succéda aussi à Buchinger comme conseiller au Conseil souverain. Peut-être cependant ne fut-il comme Dulys, que conseiller au Conseil provincial? A la mort de Quiqueré 1677, il ne semble pas qu'on ait nommé un nouveau conseiller ecclésiastique. Mais lorsque le Conseil souverain fut réorganisé, on y comprit un conseiller chevalier d'honneur d'église qui fut Dom de Lagrange, abbé de Munster. En 1695 une seconde charge analogue fut créée. Ces charges étaient devenues purement honorifiques.

Voici quels en furent les titulaires jusqu'à la Révolution :
1694 Dom de Lagrange, *abbé de Munster.*
1695 Amarin Rinck de Baldenstein, *doyen de Murbach.*
1701 Dom Claude de Bauquemare, *abbé de Pairis.*
1713 M. Nicolas Lelaboureur, *prevôt de S.-Pierre-le-Vieux.*
1725 Dom G. de Rutant, *abbé de Munster.*
1727 Dom Tribolet, *abbé de Pairis.*
1738 Dom Jacques Gacier, *abbé de Neubourg.*
1759 Dom Fr. X. Bourst, *abbé de Pairis.*
1760 Dom Fr. Joseph Specht, *abbé de Neubourg.*
1778 Dom Dreux, *abbé de Neubourg.*
1789 Dom Delort, *abbé de Pairis.*

2) *Dierum plenus et operum, ingens sui relinquens desiderium et exemplum,* dit HUGO (op. cit.). Mais il le fait mourir à Pairis, sans cependant indiquer de date.

3) *Revue-Mury,* loc. cit.

lendemain à Lucelle [1]), y furent solennellement inhumés dans le chœur devant les marches de l'autel. Sur la pierre tombale fut gravée, avec ses armoiries et sa devise : *Idem semper in adversis et prosperis*, l'épitaphe suivante :

Anno Domini millesimo sexcentesimo septuagesimo tertio, quinto januarii, obiit Reverendissimus Dominus Bernardinus Buchinger, Kienzheimensis Alsata, Lucellensis professus et quadragesimus abbas, postquam abbatiam Mulbrunensem et Parisiensem duodecim annos rexit : is conventum viginti quatuor annos Lucella extorrem reduxit auxitque. R. I. P.

---

1) Ces derniers détails nous sont fournis par le P. Walch, I. f. 322, où se trouvent le portrait de Buchinger reproduit en tête de cette notice et une courte biographie. — De ce portrait Quiquerez dit (Loc. cit., p. 401) : « Le portrait seul de Buchinger révèle qu'il devait être un homme intelligent et d'une grande force de volonté. »

APPENDICE I.

Arbre généalogique de Lucelle

1º Maisons fondées par Lucelle et ses filles :

a) *Neubourg*, 1131, d'où *Maulbronn*, 1139; de *Maulbronn* sortirent *Bronnbach*, 1181, et *Schönthal*, 1138; *Herrenalb*, 1147, seconde fille de Neubourg donna naissance à *Bartenberg*, 1489.

b) *Kaisersheim*, 1134, d'où *Staurs*, 1173.

c) *Lieu-Croissant*, 1134.

d) *Salem*, 1138, d'où *Raitenhaslach*, 1143. *Wettingen* 1227, *Königsbrunn* 1303.

e) *Frienisberg*, 1138, d'où *Thennenbach*, 1158.

f) *Pairis*, 1139.

g) *S.-Urbain*, 1195 ¹).

1) Cette filiation de S.-Urbain fut contestée au XVIIᵉ siècle. Cfr. D. DE LIEBENAU, *Die Filiation von Saint Urban*, cité par CHABEUF, *Voyage d'un délégué au chapitre général de Cîteaux en 1667*, p. 344. (On trouvera de ce dernier travail quelques passages sur Buchinger, qui y est appelé Bushinger.)

2° Maisons restaurées par Lucelle :

Baumgarten, 1515. *Eusserthal,* 1624. *Michelstein,* 1629. *Riddaghausen,* 1630 (d'où *Marienroode* en 1648). *Otterbourg,* 1634 (d'où *Disenbergen* 1640).

De Kaisersheim sortirent plus tard cinq abbayes qui eurent à leur tour seize rejetons. Salem fit également trois nouvelles fondations.

De Lucelle sortirent également, d'après Buchinger, neuf monastères de femmes ; de Maulbronn, 6 ; de Kaisersheim, également 6 ; de Salem 7 ; de Wettingen aussi 7 ; de Frienisberg, 1 ; de Thennenbach, 3 ; et enfin de S.-Urbain, 3.

Soit en tout près de cent maisons qui se rattachent immédiatement ou médiatement à Lucelle.

(D'après *l'Epitome* de Buchinger ; *l'Idea chronotopografica* et Janauschek).

APPENDICE II.

*Relatio de instituto Concilio regio Ensis--
hemii 4 novemb. 1658. (Diarium de Buchinger, II).*

Die 4 novembris Ensishemii mane circa
horam octavam in domo nobilium (Ritter-
standshauss) dicta, pro supremii concilii palatio pulchre accomodata, convenere D. Carolus
Colbert intendens generalis regii designatus
concilii supremi prœsidens, toga oblonga et
perampla rubei coloris holoserico nigro suffulta
indutus cum nigro bireto in capite; D. Bernardinus abbas Lucellensis et Mulbrunensis,
alsata, primus consiliarius; nobilis Georgius
Fridericus ab Andlawe, alsata; D. de Bossuet
et D. Favier, galli, consiliarii alias metenses;
pro hoc etiam concilio designati D. Joannes
Jacobus Gallinger, Altkirchensis Suntgoius,
quintus, et D. Carolus de Colbert procurator
generalis, sextus consiliarius, et D. Humbertus
Bassand doctor, advocatus generalis, omnes,

praeter D. abbatem Lucellensem nigra cuculla cum bireto, et nobilem ab Andlawe veste serica nigra domestica indutus, sicuti D. Praesidens togis rubeis vestiti. D. Franciscus Klinglin, Ensishemianus, et D. Parisot, secretarii, togas nigras habebant atque etiam bireta. His itaque dominis consiliariis et officialibus in majori dicti palatii aula congregatis, eo etiam accessere principum legati, magnates et status patriae in copiosissimo numero.

Quo facto D. abbas Lucellensis cum D. praeposito Thannensi et D. Decano Colmariensi aliisque ecclesiasticis summam missam pontificaliter celebraturus, majus templum ingressus pontificalibus paramentis se induit ac praecedentibus ministris cum cruce candelisque post presbytorum assistentem medius inter diaconum et subdiaconum, indutus pluviali et mitra cum baculo in manu, D. praesidentem et memoratos DD. consiliarios ante fores Ecclesiae gratulatoria latina concione, deposita mitra, humaniter excepit illisque singulariter statum ecclesiasticum devote commendavit. Cui D. Praesidens gallica oratione respondit et omnem favorem regium vicissim promisit.

Tum D. abbas recepta mitra eo ordine
quo accessit processionaliter ad chorum rediit,
D. Præsidente, DD. Conciliariis aliisque sub-
sequentibus, repositoque pluviali et receptis
paramentis missalibus, missam de S. Spiritu
solemni et pontificali ritu celebravit.

Et postquam cantato per diaconum evan-
gelii librum osculatus est, liber etiam D. Præsidenti et DD. Consiliariis tantum more gallico delatus fuit osculandus, qui post incen-
satum abbatem ad offertorium, pariter incen-
sati sunt iisque etiam post *Agnus Dei* pax
cum instrumento dilata est.

Finita missa quæ musicaliter decantata est
et benedictione solemni data, D. abbas hy-
mnum *Te Deum* inchoavit quem musica pro-
secuta est, finitoque hymno D. abbas subjun-
xit vers. : *Domine salvum fac regem nostrum
Ludovicum.* R̂. *Et exaudi...* V̂. *Deus judicium
da regi nostro Ludovico.* R̂. *Judicium tuum
etc...* V̂. *Judicare populum tuum in judicio.*
R̂. *Et pauperes tuos...* V̂. *Fiat pax in virtute
tua.* R̂. *Et abundantia...* etc... V̂. *Domine
exaudi...* etc... *Dominus vobiscum...* etc...
et orationem pro Rege : *Quæsumus omnipo-*

tens Deus... etc. aliam pro pace et concordia :
Deus largitor pacis et amator...

Quibus dictis, dimissis paramentis pontificalibus cucullam reinduit et ceteris DD. Consiliariis associatus est.

Ministri in missa fuere : assistens D. Gallus
Hegelin, præpositus Thannensis; diaconus P.
Illuminatus guardianus PP. Minoritorum Bri-
sacensium ; subdiaconus D. Joann. Georg.
Hanselman, decanus et parocus Brisac.; D.
Georg. Faller, decanus Colmariensis, cæremo-
niarius cum P. Petro Tanner conventuali Lucellensi. Ad baculum, mitram, librum, cande-
lam, thuribulum et cereos inservierunt stu-
diosi.

Omnibus in templo absolutis, sequent
ordine ad palatium Concilii itum est : præce-
debant aliqui sclopetarii induti tunicis ceruleis
armis regiis insignitis, deinde duo secretarii et
post eos D. Præsidens cum primo consiliario
D. abbate Lucellensi; nobilis ab Andlawe et
D. de Bossuet; D. Favier et D. Gallinger ;
D. procurator generalis et D. Doct. Bassand
advocatus regius. Deinde principum legati et
præcipui magnates, tum status ecclesiasticus,

nobilium et civitatum, aliique præsentes ho-
spites.

Ad primariam palatii aulam dum ventum
fuit in superiore illius parte, D. Præsidens in
medio, a dextris D. abbas Lucellensis, D. ab
Andlawe, D. Gallinger; a sinistris D. de Bossuet et D. Favier consederunt, vultibus ad
populum versis. A latere dextro sedere duo
secretarii, a sinistris procurator et advocatus
generalis. In scamnis pluribus extra cancellos
hinc inde positis, sedere legati episcopi Ar-
gentinensis, D. Waltherus a Dydenheim can-
cellarius et Dominus a Wangen consiliarius;
legatus episcopi Basil., nobilis Joa. Jacobus ab
Ostein, supremus præfectus Bruntentanus
episcopalis ditionis; legati administratoris Mur-
bacensis, nobilis Hieronymus Wallier præfectus in Hesingen et D. Joa. Udalricus Hauss
doct. consiliarius; legati abbatissæ ab Andlawe,
D. a Wangen et alius consiliarius; legati ducis
Wirtemberg et comitis Montisbeligardi; legati
marchionis Durlacensis; D. Carolus Marchand
abbas Vallis S.-Gregorii; D. Joa. Jacobus a
Rapolstein; D. legati Reipublicæ Argenti-
nensis.

BERNARDIN BUCHINGER   7

Ex statu ecclesiastico superioris Alsatiæ : D. Olivarius abbas Parisiensis, D. præpositus Thannensis, D. Sebastianus Willeman cantor et D. Decanus Brisacensis capitulares Thannensis; D. Decanus Colmariensis ex parte D. abbatissæ in Masmünster; D. Bernardus et alius religiosus ex Isenheim; D. Petrus du Lys ex parte collegii S.-Deodati.

Præterea deputati nobilitatis inferioris Alsatiæ, item deputati Mülhusiani et decem civitatum imperialium præfecturæ Hagenœnsis; ex Hagenawe videlicet D. consul Carius et D. syndicus Gerlach; ex Colmar D. Daniel Byrr consul, D. Schneider syndicus et D. Rötele; ex Schlettstatt D. Henrich cons. et D. Vogelbach syndicus; ex Weisenburg et Landawe nemo comparuit; ex Oberehenheim, Rosheim et Münster adfuere deputati; ex Keisersperg D. Hüfel consul et D. Berncastel archigrammateus; ex Thürkheim D. Joan. Wileman consul et D. Joan. Henneman archigrammateus.

Ex statu nobilium superioris Alsatiæ cum pluribus aliis præsentes fuere Arbogastus ab Andlawe, junior baro a Rhinach, Adolphus a

Rinach, Sebast. de Rheno, a Pfirdt, Truchsess a Rheinfelden, etc... Hos vero praecesse D. generalis major a Rosa et D. Achatius colonellus de Tupadel.

Ex Alsatiæ superioris et Brisgoiæ legatis pluribus adfuere D. Joan. Theobaldus Scheppelin et D. Matern consules Brisacenses ; D. Wisrock schultetus et nonnulli consules ex Ensisheim ; D. Joan. Jacobus Willeman et D. Sigismundus Steiger consules Thannenses. Item præfecti locorum D. Joan. Udalricus Hauss ex Landser, D. Joan. Georgius Götzman ex Pfird ; D. Hold ex Altkirck et D. Joan. Jacobus Münck ex Thann, cum aliis diversi status hominibus in multitudine copiosa etc...

Postquam itaque omnes consedere D. Præsidens sermonem gallicum elegantem habuit de proprietate et dominio utriusque Alsatiæ regi christianissimo per tractatus pacis in Munster 1648 per status imperii concesso, et illius possessione per hunc actum arrepta atque de institutione supremi judicii regii, eleganter disseruit. Tum per secretarium D. Pariso, decretum regium super actuali hujus supremi concilii institutione, atque generatim D. præsidentis et DD. Consiliarium provisione, gallico idiomate concepta publice recitari fecit, cui lectioni coronidem imposuit D. Procuratoris generalis gallica oratio, qua omnes ad hujus supremi concilii affectum et observantiam graviter animavit.

Dum his omnibus peractis DD. Præsidens et consiliarii palatio exirent, DD. deputati decem civitatum imperalium præfecturæ Hagenœnsis protestationem offerre voluerunt, quam non receptam alio tempore exhibere jussit D. Præsidens. Itum deinde ad splendidum regiumque epulum quod D. Præsidens in collegio PP. Societ. Jesu instituit, in quo singuli suæ dignitatis ordine consedere idque usque ad vesperum omni maxima lætitia et summa satisfactione perduravit. Quo sumpto aliqui Dominorum legati et deputatorum hodie adhuc recesserunt.

Die 5 novembris ceteri principum legati, magnates et nobiles, valedictionibus D. Præsidenti et DD. Consiliariis factis, fere omnes ante prandium recessere.

Sicque huic solemni actui institutionis supremi concilii finis feliciter impositus est.

APPENDICE III.

Resolutiones domini officialis Basiliensis super articulis inter celsissimum principem Basiliensem Episcopum et Reverendissimum D. abbatem Lucellensem controversis. Datum 7 novembris 1672. (A. H. A. f. de Lucelle carton 160, *Varia.*)

In Dei nomine, amen. Per hoc publicum instrumentum omnibus notum sit quod inter Celsissimum et R^{um} S. R. Imperii principem ac DD. Joannem Conradum episcopum Basiliensem, et R^m DD. Bernardinum abbatem et conventum Lucellensem aliquanto tempore ratione beneficiorum parochialium ab abbatia Lucellensis dependentium, nonnullæ controversiæ necterentur, eæ mediantibus R^{mo} et amplissimo DD. Balthasaro Frey, SS. theologiæ et canonum doctore, episcopatus Basiliensis vicario generali et officiali, necnon prænobili ac clarissimo Dno Joanne Christophoro Belleney, celsissimi principis Basiliensis consiliario et procuratore generali, item adm Rdo. D. Julio Barson, curiæ Basiliensis fiscali, tanquam de-. putatis commissariis in curia Leoburgensi, die 7 novembris anno 1672, cum R^{mo} D. Lucellensis abbate antedicto, et adm. R^{do} D. Edmundo Quiqueré ejusdem coadjutore, RR. PP. Patre Benedicto Monrial priore, P. Petro Tanner præposito ad S. Apollinarem, P. Ulrice Schweblin R^{mi} D. abbatis capellano et patre Bernardino Meron registratore et cancellariæ directore in Leoburg, atque nobili et consultissimo viro D. Balthasaro Graff consilii alsatici secretario interprete ac Lucellensis monasterii syndico et advocato conventus Lucellensis nomine, præsentibus et assistentibus, per amicabilem compositionem terminatæ fuerint sub articulorum subsequentium tenore:

1° inter partes resolutum et conclusum D. Abbatem posse professos monasterii Lucellensis religiosos semel in diœcesi Basiliensis ab Ordinario approbatos, de una vel ad aliam parochiam Lucellensem mutare, dummodo hujusmodi mutatio D. vicario generali vel officiali intimetur; generaliter autem approbantur dicti religiosi Lucellenses pro cura animarum administranda illa occasione qua alias ad sacerdotium suæ Celsitudini D. Episcopo Basiliensis præsentabuntur et examinabuntur.

2º resolutum et conclusum ut D. Abbas annuatim pro solutione ac redemptione commissionum bannalium et cathedralium pro decem religiosis totidem beneficia Lucellensia administraturis, decem libras Basilienses curiae Basiliensi exsolvat, licet pauciores subinde in dictis beneficiis extiterint : nec amplius quicquam præter memoratas decem libras a Lucellensi abbatia curia Basiliensis ratione dictarum commissionum, bannalium et cathedralium, reposcat; casu vero quo media parte minor dictorum decem Religiosorum numerus in parochiis existeret, tunc dicta decem librarum summa ad dimidiam partem moderanda foret; exsolvet quoque D. Abbas annuatim curiæ supradictæ octo libras et unum solidum ex incorporatione ecclesiarum in Calmis et Blotzheim provenientes ; quo ad seculares autem vicarios Lucellensibus beneficiis inservientes, sicut alii sacerdotes in diœcesi, etiam ipsi commissiones ordinarias, bannalia cathedralia, aliaque onera ipsis incumbentia, sine contradictione et tergiversatione ulla, singulis annis more solito persolvent.

3° decisum ut religiosi Lucellenses in parochiis existentes capitula ruralia accedant et si duo vel plures ad idem capitulum spectent, unum cœterorum nomine accedere sufficere possit qui licet capituli arcana nemini, exceptis confratibus, audeat revelare, nullum tamen juramentum nec quicquam aliud contra ordinis vel monasterii jura et privilegia præstare compellatur.

4° conclusum ut nullus ex vicariis secularibus beneficium Lucellense obtinens, ad illud sine præscitu D. Abbatis se investiri faciet aut procuret; casu autem quo D. Abbas contradiceret hujusmodi investituræ, D. Ordinarius cognoscet de causa oppositionis jurisque decisionem interponet.

5° concessum quandoquidem ab antiquo fieri consuevit, ut in visitationibus ecclesiarum parochialium vicariorumque Lucellensium sæcularium D. Abbas per se vel alium potuerit esse præsens ut id deinceps adhuc tolleretur, ita tamen ut jus sibi exinde nullum, nec visitationis aut correctionis multominus ullius juridictionis attribuere aut arrogare possit, religiosos vero eorumque domos idem D. Abbas solus (ordinatione tamen bullæ Gregorii Vⁱ salva) quando ipsi placuerit, visitet, annuis etiam ecclesiarum et fabricarum computis (si quod jus ei competat), per se vel per alium interesse prout hucusque moris fuit, permittatur.

6° decretum ut D. Abbati liceat suos religiosos juxta contenta articuli primi pro libitu ex parochiis dimovere. Secularium vero ammotio vicariorum non fiat nisi per ipsum D. Ordinarium gravibus ex causis a dicto D. Ordinario discutiendis, cognoscendis et definiendis.

7° decisum ut decani rurales vel alii, religiosorum Lucellensium substantiæ cum in parochiis moriuntur, sese non intromittant, nec aliquid exinde exigere tentent. Quoad vicarios autem sæculares morientes D. Abbati permissum sit ut dum horum bona et substantia juxta statuta synodalia et laudabiles hujus diœcesis consuetudines recognoscantur, subsignantur, concribantur et dividantur, aliquis deputatus ejus nomine præsens esse et quid agatur inspicere possit, ita tamen ut nullum inde jus aut jurisdictionem arrogare præsumat.

8° permissum et concessum ut vicarii seculares in sua institutione ad Lucellensia beneficia sub forma juramenti D. Abbati spon-
deant quod ecclesiæ sibi commissæ jura, per-
tinentias, sacram suppellectilem, pro viribus
defendere, conservare, et cum requisiti fuerint
desuper respondere velint, ita tamen ut per
talem sponsionem nullum præjudicium D. Ordinario accrescat, sed omnia juxta Tridentini
decreta et diœcesis Basiliensis statuta et consuetudines hactenus inviolabiliter observatas,
salva maneant.

Ultimo decretum ut sæculares vicarii beneficia sibi a monasterio Lucellensi collata,
nulli alteri quam ipsimet D. Abbati resignent,
multo minus sine ipius præscitu et matura
præmonitione illa inconsiderate dimittant.

In quorum fidem, etc...

APPENDICE IV.

Buchinger écrivain

L'abbé de Lucelle ncus a renseigné lui-même sur la plupart de ses écrits, dans le chapitre XII de son *Epitome* intitulé : *Scriptores celebres qui Luciscellæ aliquando floruerunt.* Malheureusement la plupart de ces ouvrages, restés manuscrits, sont aujourd'hui perdus. Il n'est pas surprenant que, avec l'extraordinaire multiplicité des affaires qui remplirent sa vie, il n'ait pas eu le temps de faire imprimer davantage. Nous allons successivement faire connaître ce que nous avons pu recueillir : 1° de ses manuscrits; 2° de ses imprimés, en suivant l'ordre et en reproduisant les termes de l'*Epitome*.

1° *Manuscrits.*

I. *Annales seu chronicon magnum Lucellense quod sub titulo Fastorum Lucellensium quibus monasterii Lucellensis origo, fundatio, progressus, abbatum vitæ et aliæ res patriæ et episcopatus Basiliensis memorabiles explicantur, in lucem edere voluit.*

Comme cette dernière phrase l'indique, Buchinger, qui avait réuni les matériaux de ce grand ouvrage *inter medias turbationes bellicas*, avant d'être nommé abbé de Maulbronn, n'eut pas le temps de le faire imprimer et en donna seulement au public l'*Epitome.*

Cependant les *Fasti Lucellenses* ne sont pas entièrement perdus : ils ont, en grande partie, passé dans les *Miscellanea Luciscellensia* du P. Walch, comme celui-ci nous l'apprend dans la préface de son second volume, où il dit [1]) : « Das mehrere hab ich aus denen Fragmenten Bernardini Buchingers abbts zu Litzel gezogen, die er Fastes Lucellenses titulierte, von welchem selbiger in seinem Buch titulo Ursprung des Gottes Haus Litzel pagina 195 schreibt, und gesinnt gewesen in den truck auf gehen zu lassen, warr aber nur bis zu dem leben Joannis Stantenat [2]) den 28 abt zu Litzel gekommen und geschritten. »

---

1) Préface, page 1. Rappelons que ce manuscrit, en 2 in-folios, est conservé à la bibliothèque de Bâle.

2) De ce passage du P. Walch on peut même induire que la *Chronicon de abbatibus Lucellensibus... usque 1445,* conservée à Faverois (Cfr. *Manuscrits des maisons religieuses d'Alsace,* p. 26) et qui va précisément *jusqu'à l'époque de l'abbe Stantenat* serait l'ouvrage même de Buchinger. Ce qui me porte encore à croire que ma conjecture est bonne, c'est que, m'écrit M. le curé de Winckel-Lucelle qui a eu le manuscrit entre les mains, au commencement de la première ligne et à la fin de la dernière ligne de chaque page se trouve un *B,* comme si le copiste (le P. Walch?) avait ainsi voulu indiquer que c'était bien l'œuvre de Buchinger qu'il transcrivait et voulait ensuite compléter.

II. *Item Chronicon Monasterii Mulbrun-
nensis cum ejusdem rebus memorabilibus, ju-
ribus ac privilegiis.*

Manuscrit non retrouvé. Les *Miscellanea* du P. Walch
contiennent (II) la série des abbés de Maulbronn qui est
peut-être extraite de la chronique de Buchinger. On y
trouve en tous cas (p. 138) quelques détails sur le séjour
de notre abbé dans ce monastère.

III. *Item simile Chronicon monasterii Parisiensis continens ejusdem fundationem, for-
tunam sæpe adversam abbatum seriem et alias
res memorabiles.*

Ce manuscrit, intitulé en réalité *Tabulæ mortuorum
Parisiensium*, écrit par Buchinger en 1650, est conservé
aux A. H. A. [1]. Comme M. l'abbé Clauss se propose
de le faire imprimer prochainement, nous ne nous y arrê-
terons pas plus longuement.

IV. *Item magnum Protocolum continens
plura Instrumenta Electionum Abbatum et
Abbatissarum quibus præfuit vel interfuit.*

---

1) F. de Pairis, carton I, num. 10. Cfr. mes *Manuscrits des
maisons religieuses d'Alsace,* p. 30. — On peut aussi ranger parmi
les manuscrits de Buchinger une sorte de cartulaire de Pairis conservé aux A. H. A. (f. de Pairis, carton 15, num. 2) intitulé :
*Registratus und Summarische Beschreybung dess Gottes Hausses
Päriss.* C'est un folio de 967 pages, autographe, avec un frontispice dessiné. Grandidier paraît avoir tiré quelques pièces de
ce volume (Œuvres inédites-Liblin III, p. 232).

Le même carton contient un recueil analogue de 1519 du
prieur Jean de Lentzingen, auquel Buchinger a ajouté un frontispice de sa façon.

V. *Item multas chartas visitationum... etc...*
Recueils non retrouvés.

VI. *Item vitas S. Leonis IX Papae et alio-*
rum SS. Diœcesis Basiliensis et potissimum
res ab eodem SS. Leone IX in patrio solo
Alsatico gestas.

On verra, dans la seconde partie de cet appendice,
que quelque chose de ce travail de Buchinger nous reste.

VII. *Item Epistolas familiares præsertim*
de rebus Ordinis ad Curiam Romanam, au-
lam Cæsaream et ad alios diversos magnates
emissas quam plurimas, multaque alia memo-
ratu digna.

Buchinger, son *Diarium* nous l'apprend, gardait une
copie des plus importantes de ces correspondances.
Nous ne l'avons pas retrouvée.

A cette liste donnée par lui-même il faut ajouter les
trois suivants :

VIII. *Kurtzer Inn | hall, wass gestalten*
un | ser lieben Frawen zu den | Dreyen Ahren
| entsprungen, neben grund | licher Beschrei-
bung ettlicher da | selbsten durch sie gewürchtes
Wun | der zeichen und miraculen | Geschehen
auffs' New | Zum Anderen Mahl | Anno nach
der Jung | fräwlichen Geburth 1656 [1]).

---

1) Sur ce manuscrit cfr. BEUCHOT, *N.-D. des Trois-Epis*, p. 10.

Ce manuscrit, conservé aux Trois-Epis, autographe en grande partie, petit in-folio, papier, de 2 ffnn-81 pages et 7 ffnn (le reste du volume en blanc) est le résultat de l'enquête faite par Buchinger et dont nous avons parlé plus haut. Jusqu'à la page 50 c'est la copie d'un recueil plus ancien.

IX. *Diarium*, conservé, comme on l'a vu, aux *Staatsarchiv des Kantons Bern*. Il comprend deux petits volumes in-folio, non paginés, intitulés :

Continuatio Diarii fr. Bernardini Lucellen. Mulbrunn et Parisiensis abbatis a 1 die mensis junii 1655 ad 19 april. 1657, et

Continuatio Diarii abbatis Lucellensis et Mulbr. fr. Bernardini a die 19 aprilis MDCLVII unque ad 31 decembris 1659 inclus.

Les deux volumes sont ornés de frontispices destinés par Buchinger.

X. *Elenchus sacrarum reliquiarum quas Martinus abbas Parisium intulit, ex membraneis veteribus.*

D'après HUGO, *Sacr. antiq. monumenta*, II, p. 278. Nous n'avons pas retrouvé cet opuscule.

2° *Imprimés.*

I. *Cæremonias Pontificales abbreviatas, pro Abbatibus mitratis, bis typo editas.* (Epitome).

Le *Diarium* de Buchinger nous apprend que le 3 février 1657 il s'était rendu à Bâle pour conférer avec l'imprimeur au sujet de l'impression de cet ouvrage, que nous n'avons retrouvé dans aucune bibliothèque de la région.

II. *Item librum de arte Magyrica, stylo germanico, communes regulas sexcentos vel plures cibos artificiose apparendi complectens.* (Epitome).

Imprimé avec le titre suivant :

Koch-Buch so wol fur Geistliche als auch Weltliche grosse und geringe Hausshaltungen, wie bey denen täglich viel Leut am fuglichsten abgespeiset werden... durch einen Geistlichen Kuchen meister dess Gottshauses Lutzel beschrieben und practicirt. Molssheimb [1]), getruckt bey Johan Heinrich Straubhaar. 1671. Petit in 8° non paginé.

Ce très curieux volume [2]) contient 1008 recettes. En tête il y a une sorte de calendrier culinaire pour les maisons de bénédictins ou de cisterciens.

---

1) Pour Porrentruy, comme l'indique une note manuscrite écrite sur la garde de l'exemplaire de la bibliothèque de l'Université de Strasbourg.

2) M. Reuss (l'Alsace au XVIIe siècle, II, 49, note 4) doute que Buchinger en soit l'auteur, bien qu'il connaisse l'*Epitome* où notre abbé en parle lui-même.

Cet ouvrage a été réédité plusieurs fois, d'après le catalogue des *Kochbücher* de Drexel (Francfort, 1885) qui cite, sous le num. 16, une troisième édition de Bâle, 1700.

III. *Item Historiam et Miracula de sacris imaginibus Beatae Virginis et S. Joannis Evangelistae in Kiensheim authoris patria repositis, quae typis ante duos annos evulgata sunt.* (Epitome).

Cet ouvrage dont le manuscrit existe encore, comme nous l'avons dit [1]), parut réuni à l'histoire de Lucelle, avec le titre suivant :

Miracul-Buch darinn bey hundert und etlich achtzig herrliche Wunderzeichen begriffen die sich bey unser lieben Frawen Walfahrt zu Kienszheim im Elsass in S. Regulae-Kirchen daselbst vor Zeiten zugetragen. Item Summarischen und wahrheffter Bericht von Ursprung, Stifftung und Auffnahm des Gotteshauses Lutzel... durch den hochwärdigen Herrn Bernardin abbte zu Lützel... Bruntraut..., bey Joh. Heim. Straubhar, anno 1662. In 12° non paginé (pour le Mirakul-Buch).

1) Aux A. H. A., f. de Lucelle, 70, 4. Il est en partie autographe et orné d'un frontispice dessiné.

La préface du Miracul-Buch est datée du 16 octobre
1661.

Le Mirakel-Buch a été réédité deux fois en ce siècle :

*Mirakel-Buch worin hundert und etliche
achtzig Wunder erzählt werden, die in der
Wallfahrtskapelle zu Kientzheim im Elsass
ehemals geschehen sind. Durch P. Bernardin
Buchinger....* Zweite verbessert Ausgabe.
Strassburg, gedruckt bei L. F. Le Roux. 1838.
In 12 de 128 pages.

Sur cette édition a été faite la traduction [1] fran-
çaise, dont le titre suit :

*Récit de plus de cent quatre-vingts évène-
ments miraculeux qui ont eu lieu au pélerinage
de Notre-Dame de Kientzheim en Alsace par
Bernardin Buchinger... traduit de l'allemand...*
Guebwiller, de l'imprimerie de G. Brückert
(s. d.) In 16 de 211 pages avec une lithogra-
phie.

A partir de la page 139, Cantique .. Prières... etc...
A la suite ou quelquefois en tête de quelques exem-
plaires de la première édition de cet ouvrage se trouve
l'opuscule suivant :

1) Le nom du traducteur n'est pas parvenu jusqu'à nous.
La traduction n'est pas toujours très exacte.

*Ein Geistlich Leid von unser Lieben Fra-
wen Walfahrt zu Kienssheim in Elsass... Item
unser Lieben Frawen Loretanische Letaney...*
Getruckt zu Bruntraut, bey Joh. Heinrich
Straubhaar... 1663. In 12 non paginé. (8 feuil-
lets.)

A la fin du cantique : *Ad Virginis Deiparæ laudem
compilavit F. B. A. L.*

V. *Item Epitomen ex Fastis Luccellensi-
bas erutam qua monasterii Lucellensis fundatio,
status et Privilegia describantur, hoc anno pu-
blici juris factam.* (Epitome.)

D'abord publié en allemand à la suite (et aussi à
part) de l'ouvrage précédent, sous ce titre :

*Summarischen und wahrhaffter Bericht
von Ursprung Stifftung und Auffnahm dess
Gotts-Hauses Lutzel, Cistercienses ordens, durch
den Hochwürdigen Herrn Herrn Bernardin...
beschrieben.* Brunntraut... bey Joh. H. Straubhaar, anno 1663. In 12 de 229 pages, plus
un feuillet d'errata.

La préface est datée du 27 mars 1662.

L'édition latine a deux titres : le premier, gravé [1],
est ainsi conçu :

1) Probablement d'après les dessins de Buchinger ainsi que
les autres planches que contient le volume.

Epitome Fastorum Lucellensium authore R. D. Bernardino Abbate Lucellensi et Mulbrunensi. Bruntruti apud Joan: Henr. Straubhaar. MDCLXVI. Facultate ac permissu superiorum.

Le second, en typographie, a la date de 1667, qui est aussi la date de la préface. C'est un petit in 8° de 359 pages et 53 p. nn., plus une page d'errata [1]).

VI. Enfin, comme on l'a dit, la légende de S. Léon IX du *Proprium Sanctorum* du diocèse de Bâle est de lui. Elle y fut insérée, pour la première fois dans celui qui fut publié vers cette époque [2]).

A cette occasion notre abbé entra en relations avec les Bollandistes et leur envoya par l'intermédiaire du P. Sudan ou du P. Griesser des notes sur divers saints honorés dans le diocèse de Bâle [3]). Voici le passage qui concerne S. Léon IX [4]) : « De S. Leone nono pontifice :

---

1) Aux A. H. A., f. de Lucelle, I, se trouvent des fragments du manuscrit de ce livre qui a servi à l'imprimeur. C'est une copie, mais avec quelques corrections de la main de Buchinger.

2) Je n'ai pu retrouver cette édition. Mais celles de 1676 (Surgand), de 1697 et 1710 (J. Bruder) et de 1738 (Cuchot) que j'ai toutes sous les yeux, reproduisent cette légende.

3) Cet intéressant document. conservé dans les archives des Bollandistes, m'a été récemment communiqué par eux.

4) Le P. Brucker (au t. II de sa vie de S. Léon IX, p. 388, note 3) n'a publié que le premier paragraphe de cette lettre.

Quod attinet ad S. Pontificem cujus etiam meminit vestra Adm. Rda. Paternitas, miror ipse non parum, quod is hactenus nunquam (quod sciam) adnumeratus fuerit propriis sanctis, ut vocamus, Ecclesiæ hujus Basiliensis, licet juxta valde probabilem sententiam ex hac ipsa diœcesi oriundus, utpote in Hohenegisheim, et cum aliis pluribus locis, tum nominatim de Œlinbergensi deque S. Crucis monasterio prope Colmariam (quorum fundator etiam fuisse putatur) quam optime meritus fuerit, ut notum est. Libenter viderem quæ de eo collegisse dicitur R. D. Balde canonicus piæ memoriæ, si quando nos redire contingeret Delspergam et ea nancisci possem ab illius heredibus. Nec dubito quin, ut de aliis pluribus maxime Germaniæ sanctis, ita de hoc summo pontifice multa inter alios hinc inde habeat Henricus Canisius in *Antiquis Lectionibus* quas pluribus tomis distinctas dudum edidit Ingolstadii. Sed ego et his et aliis plerisque libris et præsertim historicis non sine fastidio destituor in hoc nostro plus quam decennali exilio, ut tanto facilius veniam speram, deprecor equidem, quod in his pauculis minus quam vellem satisfaciam piis votis ac sanctis desideriis Vræ Adm. Rdæ Paternitatis, ut et Rdi. P. Joannis Camani (sic) quem ex animo saluto. »

Buchinger termine sa propre notice bibliographique dans son *Epitome*, par cette phrase : *Vivit et plura scribere meditatur.* Il est probable qu'un examen plus complet que je n'ai pu le faire des archives de nos anciens monastères cisterciens fera découvrir encore

quelques-uns de ces derniers écrits de l'infatigable abbé, qui mérite bien, comme on le voit,
les éloges que tous ceux qui se sont occupés
de littérature alsacienne lui ont décerné [1]).

[1]) Notamment COSTE (*Revue d'Alsace*, 1855, p. 199), QUI-
QUEREZ (Ib. 1864, 435); DACHEUX (*Revue catholique de l'Alsace*,
1859, p. 144 et 183; tout récemment REUSS, *De scriptoribus
Rerum Alsaticarum historicis*, 1898, P. 17-19).

TABLES DES MATIÈRES.